2012
EL SEXTO SOL

2012
EL SEXTO SOL

JOSUE BEUTELSPACHER HUIZAR

Número de Control de la Biblioteca del Congreso de EE. UU.:		2012916705
ISBN:	Tapa Blanda	978-1-4633-3859-6
	Libro Electrónico	978-1-4633-3858-9

Para pedidos de copias adicionales de este libro, por favor contacte con:
Palibrio
1663 Liberty Drive
Suite 200
Bloomington, IN 47403
Llamadas desde los EE.UU. 877.407.5847
Llamadas internacionales +1.812.671.9757
Fax: +1.812.355.1576
ventas@palibrio.com
428274

ÍNDICE

Dedicado a mi esposa, a mis hijos y a mis amigos
que comparten la suerte de vivir el inicio del Sexto Sol.

PRÓLOGO

Uno de los expertos más importantes en la investigación de las culturas prehispánicas de Mesoamérica con énfasis en México, es, sin duda, el Maestro Josué Beutelspacher Huízar, quien goza del mayor reconocimiento entre los investigadores e intelectuales avocados al estudio de este tema siempre actual e inagotable, cuya relevancia toma nueva vigencia ante las predicciones que emanan del fin del calendario Maya, cuya visión catastrofista ha generado una sicosis mundial, que hizo imprescindible la publicación del libro *"2012, El Sexto Sol"* en el que el autor sustenta lo infundado del temor al fin del mundo.

Sostiene que antes de la llegada del tercer milenio, se profetizaba el fin del mundo, como también se hizo a finales del Siglo XIX. Entonces infinidad de libros, revistas y películas explotaron económicamente estas predicciones fallidas, atribuidas, principalmente, a los mayas y su calendario, que es, en esencia, lo mismo que el calendario azteca, y que marcan la transición de una era a otra.

Con una brillante trayectoria como periodista e investigador, Beutelspacher Huízar aborda con mucho dominio en este su segundo libro un tema tan sensible que debe mover al análisis a quienes apetecen de este tipo de trabajos e incluso propugnar porque sea un texto para las nuevas generaciones que les permita profundizar su conocimiento sobre la cultura prehispánica, porque por desgracia o por ignorancia los conquistadores destruyeron los vestigios de un conocimiento más rico e importante que el europeo.

Es necesario conocer que una civilización anterior a los Mayas y Aztecas, una raza de astrónomos y científicos plasmó en el calendario su sabiduría. Para ellos en 2012 se acaba el Quinto Sol de los Aztecas y comienza el Sexto Sol de la humanidad.

Así está escrito en Náhuatl en el monolito Piedra del Sol que se encuentra en el Museo Nacional de Antropología de Chapultepec, México, y aunque alguna interpretación augure el fin del mundo, en realidad significa el comienzo de una era de armonía y prosperidad que pondrá fin a la gran depresión económica que vivimos en la actualidad, al iniciarse la nueva era, refiere el autor, quien es socio de la Sociedad Mexicana de Geografía y Estadística y miembro de la Academia de Culturas Ancestrales.

El Calendario Maya, es un instrumento matemático y astronómico herencia de una cultura desconocida, anterior aún a la cultura Olmeca y Teotihuacana, y, esencialmente, marca el fin de un año y el comienzo de otro, el fin de una era y el comienzo de otra.

De acuerdo con la Arqueo-astronomía, en todos los sitios arqueológicos antiguos de México y América Central, la arquitectura antigua está orientada y determinada por la rotación de la tierra alrededor del sol, y por tanto marcada con la iluminación sagrada o hierofanía que es el paso del astro y su regreso, cada año, al mismo lugar.

En el juego de pelota o Tlaxco, se representa al universo y a la pirámide como su santuario, Estos sitios, que con la llegada de los españoles fueron integrados al catolicismo mediante la construcción, sobre ellos, de iglesias o conventos, les permitieron aprovechar la hierofanía para llegar al sincretismo religioso con la población indígena.

Destaca el autor que estos espacios designados para el juego de pelota eran sagrados porque, para los antiguos mayas, toltecas y aztecas, representaban al universo y los amaneceres y ocasos el devenir del cielo y, por tanto, el destino de los humanos.

De acuerdo con el Maestro Beutelspacher, el juego de pelota es también la referencia del paso cotidiano del sol en cada lugar, y se juntaba con la arquitectura sacerdotal que conjugaba en sus edificios la sagrada iluminación solar, o hierofanía, que sorprendía al pueblo con sus manifestaciones anuales y marcaba la religión y la agricultura de manera inexorable, una ley ineludible que era el mandato del cielo.

Cuando en el Tlaxco o juego solar representado en el campo, un jugador atinaba a introducir la pelota o sagrado ulli en el redondo marcador representaba precisamente ese cambio sideral y misterioso, el fin de una época y el comienzo de otra.

El autor asegura que son muchos los sitios donde el sol marca a su paso por el territorio mexicano, aun hoy en el Siglo XXI, la iluminación sagrada: la huella indeleble de las civilizaciones antiguas, está vigente, especialmente en Xochimilco donde está el marcador solar antecedente de la Piedra del Sol.

Xochimilco es el primer asentamiento humano, gregario, civilizado, de alta cultura de los pueblos nahuas y actual Patrimonio Cultural de la Humanidad, que muestra en muchos sitios, cercanos entre sí, la arquitectura dirigida a sorprender al pueblo con la iluminación solar, como sucede en Chichén Itzá donde la serpiente sube o baja por la pirámide y sus juegos de luces y sombras se suceden y muestran en los equinoccios y solsticios.

Precisa el Maestro Beutelspacher, que en Xochimilco, en Cuailama, fue esculpida La Piedra del Sol y es cuna de la gran organización administrativa de los aztecas con la institución de los Calpixques, cuyas funciones eran similares a las que hoy tienen la Secretaría de Hacienda, la Contaduría Mayor de la Federación, la Secretaría de Desarrollo Social, entre otros, ya que configuraban el Poder Social aunado al Ejecutivo, Legislativo y Judicial.

El autor, cuya trayectoria como periodista le llevó a ser Director de Información en la Secretaría del Trabajo y Previsión Social, así como Director de Comunicación Social en FONACOT y Vocero de Aeropuertos y Servicios Auxiliares, así como Director de Comunicación Social en la Contaduría Mayor de Hacienda de la Asamblea Legislativa del Distrito Federal, muestra el avanzado grado de administración que habían alcanzado los Aztecas y la relevancia del sitio sagrado de Cuailama, en Santa Cruz Acalpixca, Xochimilco.

Es en Xochimilco donde mejor se puede apreciar la maravilla de vivir el cambio de época, el Sexto Sol, Tonatiuhxóchitl, la madurez del sol, una era donde el hombre vencerá a la muerte y al espacio exterior, en los próximos siglos en que hasta las máquinas adquirirán conciencia de que existen.

En el año 2012 el Calendario Azteca culmina uno de los tantos ciclos que ha dado desde que antiguos maestros forjaron en sus símbolos y signos el paso del tiempo sideral en nuestro planeta.

El calendario azteca, que, hay que insistir, es esencialmente el mismo que el maya, diferenciado sólo por el idioma, se acaba y vuelve a comenzar, pues por ello es redondo y simboliza el eterno y constante rodar del tiempo y el universo; en su serie infinita de ciclos y edades.

Está claro para Beutelspacher Huízar, licenciado en periodismo por la UNAM y en Administración por la Universidad Pedagógica Nacional, que no hay motivo de temor en la interpretación del Calendario Maya ni del Azteca. El autor jamás encontró en las profecías o su fuente en algún libro, grabado, estela o jeroglífico sustento para una afirmación tan temeraria.

Igualmente, con una rigurosa formación científica, afirma que no hay ninguna referencia del fin de la humanidad en el Popol Vuh, ni tampoco en los libros de Chilam Balam o el Rabinal Achí, ni en el Barón de Chumayel que son parte de esta literatura maya, escrita posteriormente a la llegada de los hispanos.

Para el autor el augurio es bueno, el presagio es positivo por la llegada del Sexto Sol, Tonatiuhxóchitl, o sea el sol florido, la madurez del sol, el sol en su edad floreciente, que depara progreso, civilización y descubrimientos nunca vistos y una etapa de acomodamiento de la armonía humana, pero con la precondición de trabajar por la paz y la vida y hacer a un lado los horrores de la guerra y el materialismo.

Un primer dato que sustenta esta teoría del maestro Beutelspacher, quien es actualmente secretario general del Club Primera Plana, es que el 23 de Diciembre de 2012, con el solsticio de invierno del Calendario Azteca, inicia también simultáneamente el Tonalámatl o calendario mágico y ritual en su primer año de 260 días, que coincide con el calendario Maya donde la cuenta ritual de 260 días se llama Tzolkin y es exactamente lo mismo: augura una era mágica.

Lic. Raúl Gómez Espinosa
Director de la Revista Proyección Económica 2020,
Vicepresidente de la Federación de Asociaciones
de Periodistas Mexicanos

PÓRTICO

El miedo al fin del mundo que es finalmente el miedo a la muerte, acompaña a todos los seres humanos desde su primera conciencia de la vida.

En este año 2012, el planeta Venus "meterá un gol" en el juego de pelota sideral que los antiguos mexicanos estudiaron copiosamente en sus observaciones y anotaciones astronómicas en piedra, legado a nosotros de sus herencias culturales.

Es decir, habrá un "eclipse de Venus" que podrá observarse en el cielo de México y en los sitios sagrados de las culturas antiguas de Mesoamérica, desde Teotihuacán a Xochicalco, desde Cuailama a Chichén Itzá, del Tajín a Bonampak y Palenque, y en las ciudades del mundo maya de Centroamérica.

El segundo planeta de nuestro sistema solar se interpondrá entre la tierra y el sol, pero su tamaño menor lo hará verse como un lunar, un pequeño orificio en el centro solar, y ese hecho astronómico marca el fin de una época y el inicio de otra.

En la bellísima leyenda azteca, el humilde Nanahuatzin se lanza al fuego y se convierte en el sol comenzando una era nueva

Se acaba el Quinto Sol, el de Mesoamérica, que correspondía a las razas originales y comienza el Sexto Sol, que corresponde a la humanidad entera.

Pero el mundo no acabará.

Antes de ocurrir el cambio de milenio, se profetizaba el fin del mundo como antes al llegar al fin del Siglo XIX; multitud de libros, revistas y películas han dejado huella de estas profecías fallidas, atribuidas sobre todo a los mayas por el simple hecho de que el calendario maya y sus jeroglíficos, que es lo mismo que el calendario azteca, con jeroglíficos en náhuatl, marcan la transición de una era, de un año a otro.

Una civilización anterior a los Mayas y los Aztecas, una raza de astrónomos y científicos dejó en el calendario las huellas de su sabiduría, y en cada uno de sus lugares sagrados, sus herederos, los antiguos mayas, toltecas y aztecas, orientaban un juego de pelota, que representaba al universo y marcaba día con día, en amaneceres y ocasos el devenir del cielo y el destino de los humanos.

El juego de pelota es también la referencia del paso cotidiano del sol en cada lugar, y se juntaba con la arquitectura sacerdotal que conjugaba en sus edificios la iluminación solar, o sagrada, la hierofanía, que sorprendía al pueblo con sus manifestaciones anuales y marcaba la religión y la agricultura de manera inexorable, una ley ineludible que era el mandato del cielo para vivir.

Cuando en ese juego solar representado en el campo, en el Tlaxco, un jugador atinaba a introducir o pasar la negra pelota del sagrado **ulli** en el redondo marcador, representaba precisamente ese cambio sideral y misterioso, el fin de una época y el comienzo de otra. Era un evento que podía costarle la vida o asegurar su fortuna para siempre. Acompáñenos entonces el amable lector en este recorrido que nos llevará además a conocer muchos de los sitios donde el sol marca a su paso por el territorio mexicano, aun hoy en el Siglo XXI, la iluminación sagrada y la huella indeleble de las civilizaciones antiguas, solicitando permiso para mezclar esta historia con el devenir sagrado de Xochimilco, Patrimonio Cultural de la Humanidad.

¿Por qué Xochimilco?

Veamos.

INTRODUCCIÓN

Tla oc toncuicacan, tla oc toncuicatoacan, in xochitonalo calitec, aya antocnihuan, Cantemos amigos, cantemos bajo la florida luz del sol.

En 2012 se acaba el Quinto Sol de los aztecas y comienza el Sexto Sol, de la humanidad.

Esto está marcado por el monolito Piedra del Sol que se encuentra en el Museo Arqueológico de Chapultepec, y aunque muchos auguran sin bases el fin del mundo, para nosotros significa el comienzo de una era de armonía y prosperidad que culminará con la gran depresión económica presente, la que será rebasada al iniciarse la nueva era.

El Calendario Azteca, que es el mismo que el calendario maya, es un instrumento matemático y astronómico herencia de una cultura desconocida, anterior aún a los olmecas y teotihuacanos, y simplemente marca el fin de un año y el comienzo de otro, el fin de una era y el comienzo de otra

La Arqueoastronomía demuestra que en todos los sitios arqueológicos antiguos de México, y América Central, la arquitectura está orientada y determinada por la rotación de la tierra alrededor del sol, marcando matemáticamente con su hierofanía o iluminación sagrada, el paso cotidiano del astro y su regreso, cada año al mismo lugar.

En los ámbitos locales, el juego de pelota o Tlaxco, representando al universo, y la pirámide su santuario, marcaba estos sitios, que fueron integrados al catolicismo construyendo encima de ellos, pero en el mismo lugar, iglesias o conventos que aprovecharon la hierofanía para llegar al sincretismo religioso con la población indígena.

Un ejemplo de todo esto es Xochimilco, el primer asentamiento humano, gregario, civilizado, de los pueblos nahuas, Patrimonio Cultural de la Humanidad, que muestra en muchos sitios, cercanos entre sí, ésta arquitectura dirigida a sorprender, (de admirar), al pueblo con la iluminación solar, como sucede en Chichén Itzá donde la serpiente sube o baja por la pirámide y sus juegos de luces y sombras se suceden y muestran en los equinoccios y solsticios.

En Xochimilco, en Cuailama, fue esculpida La Piedra del Sol, y nuestro recorrido histórico cultural abarca también la gran organización administrativa de los aztecas con la institución de los Calpixques, con funciones similares a las de una Secretaría de Hacienda, Contaduría Mayor, Desarrollo Social, etc., que configuraban el Poder Social aunado al Ejecutivo, Legislativo y Judicial. Esto, hasta ahora inédito en su estudio.

El sitio sagrado de Cuailama, en Santa Cruz Acalpixca, Xochimilco, donde está el marcador solar antecedente de la Piedra del Sol, se estudia exhaustivamente, tanto por su desconocimiento por parte de la población, como por su importancia y necesidad de protección.

Y la maravilla de vivir el cambio de época, el Sexto Sol, Tonatiuhxóchitl, la madurez del sol, una era donde el hombre vencerá a la muerte y al espacio exterior, en los próximos siglos en que hasta las máquinas adquirirán conciencia de que existen…

CAP. 1

La piedra del sol

En el año 2012 el Calendario Azteca culmina uno de los tantos ciclos que ha dado desde que antiguos maestros de una civilización desconocida para nosotros forjaron en sus símbolos y signos el paso del tiempo sideral en nuestro planeta.

El calendario azteca, que es el mismo que el maya, solo que en diferente idioma, se acaba y vuelve a comenzar, pues por ello es redondo y simboliza el eterno y constante rodar del tiempo y el universo; en su serie infinita de ciclos y edades

Algunos afirman, y otros se los creen, que se va a acabar este mismo año el mundo conocido, que el planeta tierra va a desaparecer o que estallará causando la muerte instantánea a todos los seres vivos del orbe, iniciando así una vez más, la oscura noche de los tiempos...

Argumentan, los más audaces, que "hay profecías mayas que así lo demuestran" y que el gran cataclismo está cerca,

Sería algo así como el Big Bang, la teoría de Stephen Hawkins, pero al revés, no comienza el tiempo, sino que se acaba.

Más de 300 libros se han publicado con este tema en el hemisferio occidental, y multitud de revistas y películas se refieren en estos días al tema catastrofista del fin del mundo que vuelve a estar cercano cuando apenas se extinguen los fallidos ecos de la hecatombe anunciada para el año 2000.

Por curiosa coincidencia una crisis económica y el cambio climático mundial, anuncian el irreversible fin de época que se avecina.

Leímos y releímos el libro "Las Profecías Mayas" de Adrián G. Gilbert y Maurice Cotterell, (editorial Grijalbo 1996) en el que se afirmaba el colapso final del mundo actual para el 22 de Diciembre del 2012, que es una reedición de lo que se había afirmado antes para el fin de siglo, y desde 1996, para el año 2000 y jamás encontramos las profecías o su fuente en algún libro, grabado, estela o jeroglífico, simplemente son referencias a los mayas y su ciencia, rumores alarmistas que ellos intuyen o llaman presagios proféticos. Simplemente porque el calendario acaba. O también un pretexto sensacional para vender libros...

Pero no, no hay nada, ninguna referencia a ello en el Popol Vuh, el libro sagrado de los mayas.

No la encontramos tampoco en los libros de Chilam Balam o el Barón de Rabinal Achí y el de Chumayel que son parte de esta literatura maya posterior a la conquista española.

Curiosamente, uno de los traductores de estos libros, el francés Gustav Marie Le Clesy, obtuvo el premio Nobel por sus novelas en el año 2008.

Este traductor expone el nombramiento de profetas de algunos religiosos que mantuvieron viva la tradición maya, la que sobrevive hasta nuestros días; pero profetas hay muchos y actualmente este nombramiento existe en algunas religiones y en la masonería del siglo XXI.

Sin embargo esto no quiere decir que tales profetas hagan profecías o augurios para los tiempos venideros; el calendario azteca y el maya, de origen desconocido, simplemente marcan con exactitud matemática la ciencia astronómica de nuestros ancestros, que culmina en el solsticio de invierno del año 2012 y prosigue al día siguiente, como si nada, en el inicio calendárico de una nueva época, como llegar en los calendarios actuales al 31 de Diciembre y esperar el 1 de Enero del siguiente año.

Es sencillo explicarse por qué los Mayas solamente llegaron en sus cálculos hasta la era actual, para ellos muy remota, pues no les hacía falta seguir adelante y debe recordarse que los números, en que ellos eran maestros, no tienen fin.

Otros decían que de cualquier manera, algo muy gordo e importante iba a suceder, pues si en México 1810 fue la Guerra de Independencia, y en 1910 la Revolución social armada, es claro que en el 2010 habría algún acontecimiento similar, pero aparte de las celebraciones del Bicentenario de la Independencia y un siglo de la Revolución Mexicana, hechas para salir del paso, nada pasó.

Nada tampoco, habrá de pasar, pues si se acaba la rueda de los días y los años en el Calendario Azteca solamente significa que se inicia un nuevo ciclo y que comienza otro sol, el Sexto en la cuenta del tiempo que los Aztecas heredaron de los Toltecas y anexaron a su cultura como cosa propia.

El Calendario Maya y el Calendario Azteca son entonces la misma cosa y provienen de la misma fuente creadora, una civilización ancestral y **desconocida** que le dio origen.

Ambos calendarios son pues los vestigios últimos y casi únicos de esa cultura madre, anterior inclusive a los Olmecas, que transmitió sus conocimientos a través de la piedra esculpida y las enseñanzas de boca a oído que sus sacerdotes y jefes tribales guardaban y enseñaban en sus templos.

Curiosamente en este año los calendarios maya y azteca coinciden con el calendario chino con solo una luna de diferencia y es muy singular el parecido del Cipactli, con el cocodrilo maya y con el dragón chino. Como se ve en la portada.

Recientemente se descubrieron en las ruinas de **Tamtoc**, parte de la cultura huasteca en el Estado de San Luis Potosí, vestigios de un calendario lunar, esculpido en un monolito de más de tres metros de altura, con signos que nos recuerdan al calendario maya o azteca. El monolito fue fechado por los arqueólogos con una antigüedad mayor a tres mil años, cuando los olmecas y toltecas todavía no existían.

El calendario, pues, ha presidido la vida civilizada de muchas culturas que lo conocieron, lo aprovecharon y luego desaparecieron en el devenir de la humanidad y su eterno ciclo de nacimiento, desarrollo y muerte.

Sin el calendario no habría habido la organización agrícola, religiosa y administrativa que llevó a la cumbre en solo cien años a Tenochtitlán. La misma cumbre que vivió Teotihuacán en el periodo clásico cientos de años atrás.

Y hoy, simplemente da un giro y vuelve a comenzar, como si fuera el fin de un milenio o de una centuria que obliga a muchos a elucubrar tragedias y fines de los tiempos o juicios finales.

Signo Miquiztli, muerte, Convento San Bernardino

CAP. 2

El sol en su madurez de estrella

En este 2012, para nosotros, el augurio es bueno, el presagio es positivo y tendremos que vivir y gozar el Sexto Sol, al que llamaremos **Tonatiuhxóchitl**, o sea **el sol florido**, la madurez del sol, el sol en su edad floreciente, que nos depara progreso a raudales, civilización y descubrimientos nunca vistos y una etapa de acomodamiento de la armonía humana que requiere forjarse, trabajar por la paz y la vida, y lo más difícil, hacer a un lado los horrores de la guerra y el materialismo.

Nosotros sí podemos profetizar, sabiendo algo de ciencia.

Antes de que terminen dos siglos, la humanidad, sin distingo de razas, ni fronteras, vencerá los límites del espacio exterior y habrá de comenzar a vencer a la muerte, pues tal será el avance científico; al mismo tiempo, las máquinas irán adquiriendo cada día mayores capacidades e inteligencia cibernética, rebasando aún a la inteligencia humana, para llegar, un día a cobrar conciencia de su propia existencia...esto lo dicen los principales científicos del mundo.

Habrá dificultades, claro, y desastres naturales, pero este no es un libro de ciencia ficción, ni de profecías, sino de historia simple y sencilla: los invitaré, por ello, a recorrer algunos detalles de las tradiciones e historia de los mexicanos, aclarando que nada de lo que aquí se dice es un invento mío, sino una amplia compilación de datos que múltiples autores dejaron allí para nosotros, lectores atentos que podemos vislumbrar futuros a través del conocimiento de los hechos pasados.

Y un primer dato para quienes gustan de la astrología y las adivinaciones: el 23 de Diciembre, solsticio de invierno del Año 2012 con el calendario azteca de los días y los años, se inicia también simultáneamente el Tonalámatl o calendario mágico y ritual de los aztecas en su primer año de 260 días. La oportunidad es buena para comprobar su exactitud esotérica.

Iniciaremos entonces nuestro recorrido histórico.

Cetro de Venus con La Vía Láctea, en Cuailama, Xochimilco

CAP. 3

Termina el quinto sol

En náhuatl, la palabra **Xóchitl**, no solamente tiene el significado de flor, sino el más alto significado espiritual. Esta palabra tiene docenas de acepciones, que los antiguos diferenciaban en su contexto y hasta en la pronunciación especial que le daban; así cuando se dice que en un lugar hay, o está **in Xóchitl in cuícatl**, se refieren a la poesía, reflejada en la interpretación de la flor como Xóchitl, la belleza y cuícatl, el canto, o sea, que la poesía es la belleza del canto, de la palabra expresada, dicha con belleza, pronunciación humana con rima y métrica.

Así también, por ejemplo, **Xochicalco** sería ya no una tosca "casa de las flores", sino una Morada de Paz y de Belleza, un templo de espiritualidad, un centro de cultura y de alimento espiritual, un observatorio de la belleza astronómica del cielo, como lo es.

Y los ejemplos pueden darse por miles como lo establece el Doctor Miguel León Portilla, en su "Filosofía Náhuatl" y los define como **difrasismos** clásicos: *"los nahuas,* dice, *cuando quieren describir mas cabalmente cualquier cosa, mencionan siempre dos aspectos principales de ella, como para lograr que de esa unión de palabras, salte la chispa que permita comprender".*

Esto sería como las palabras **Yohualli Ehécatl**, que no pueden percibirse sólo como noche y viento, sino también como viento oscuro, viento de guerra, un sino forjado a base de abstracciones y con el impulso vital que lleva a la intuición de la poesía: flor y canto, **in Xóchitl in cuícatl**, lo único capaz de hacer decir al hombre "lo verdadero en la tierra".

Eso nos augura el Sexto Sol.

La fecha 13 Caña, Matlactli Omey Acatl, 1479, que aparece en la parte superior del calendario azteca, pertenece a la última época del nacimiento del quinto sol, según interpreta Eduardo Seler y muchos otros autores, como se lee también en los "Anales de Cuauhtitlán" y en la "Historia de los Mexicanos por sus Pinturas".

El año 1479 marca la consagración e inauguración del Templo Mayor en Tenochtitlán, y la consagración, muchos siglos atrás, en la misma fecha, de las pirámides en la ciudad de Teotihuacán.

En muchas construcciones posteriores, los mexicanos conservaron en iglesias y conventos el signo de la Flor, copiado y repetido múltiples veces, en frontispicios y como adorno en puertas de piedra enmarcadas hasta los tiempos modernos, como puede verse hoy en la "Fonda del Recuerdo" un restaurante en la Ciudad de México y también en multitud de frontispicios, en casas de arquitectura mexicana, puestas ahí por gusto o por intuición.

Ya viene el sexto sol.

Un ciclo cerrará las fauces de la serpiente en el año 2012 de nuestra era nuevamente.

Y el ciclo eterno de los días y los años volverá a iniciar su misterioso Tonalámatl.

En el calendario Maya la cuenta ritual de 260 días se llama Tzolkin y es exactamente lo mismo.

CAP. 4

La memoria ancestral en los mitos

El ocaso del imperio azteca, simbolizado en la figura de Cuauhtémoc, el sol poniente, el águila que desciende, era una profecía implícita en el fin de una época, al inicio del día en que volvería Quetzalcóatl, **un mito astronómico** que por coincidencia ocurrió el mismo día que la fortuna puso en el horizonte los barcos de Hernán Cortés, avistados cumplidamente por los vigías aztecas.

Este hito-profecía estaba marcado matemáticamente en el calendario azteca y en la tradición oral que indicaba el retorno de Quetzalcóatl por el oriente. Naturalmente, para saber cuándo era el día Uno Caña, o Cé Acatl, había que consultar el calendario, donde están los círculos astronómicos que marcan el camino de este y otros astros por el cielo de México y del planeta en general.

Quizá en la memoria ancestral de nuestro pueblo quedó grabada esa fecha como el anuncio del término de un tiempo y por lo tanto el inicio de otra época.

Eso sucede sin embargo cada 52 años y en tiempos aztecas la población esperaba el fin del siglo y del tiempo. Permanecían a oscuras y en ayunas, oraban por que el sol reiniciara la vida normal, y cuando los sacerdotes astrónomos veían en el cielo de la medianoche que el paso de las constelaciones era "normal", y que las Pléyades continuaban en su lugar, entonces encendían el fuego nuevo en los cerros sagrados de Tepetzintli y Huizachtépetl, en el ombligo del Lago de Metztliapan y en Iztapalapa, donde hoy se celebra la Pasión del cristianismo.

Las cumbres de todo el valle de México y de los valles circundantes se iluminaban entonces y grandes hogueras se iban encendiendo en todos los montes altos que anunciaban el jubilo del nuevo siglo y el fin del miedo por los próximos 52 años en todo el territorio de Mesoamérica, y no solo en el conquistado por los aztecas, pues había en todos los pueblos de Mesoamérica una uniformidad religiosa y cultural, sin menoscabo de sus gobernantes, idiomas o territorios.

El calendario, de procedencia desconocida, presidía sin embargo la vida cotidiana de todos ellos y del imperio de Anáhuac, de las ciudades-estado de los mayas, de los purépechas, zapotecas y de todos los pueblos mesoamericanos que primero lo heredaron de los olmecas, luego lo vivieron en el esplendor clásico de Cantona y Teotihuacán y lo usaron después las tribus nahuatlacas.

Cuando pasó al conocimiento de los aztecas su origen estaba ya en la noche de los tiempos; sus misterios eran poseídos solamente por la clase sacerdotal que los transmitía únicamente a sus iniciados más preclaros.

Tlacaelel lo rescató. Atzayácatl lo hizo eterno en la piedra que presidiría la inauguración del gran templo, del Templo Mayor, igual que estuvo presente en la consagración de las Pirámides del Sol y la Luna en Teotihuacán.

La piedra del sol es una manifestación prodigiosa de un gran saber, de una cultura todavía no suficientemente estudiada ni descubierta, pero que en los hechos demuestra sus aciertos.

Aunque miles de gentes la visitan cada año en Chapultepec, en el Museo Nacional de Antropología, pocos o casi nadie la comprenden: ante su presencia se siente veneración, respeto, misterio, y Tonatiuh les enseña la lengua de pedernal sin que ninguna persona se sienta objeto de burla. Tiene muchos años que los mexicanos la miran diariamente y los turistas extranjeros la compran en las miles de artesanías que se venden a lo largo y ancho del país, en los antiguos billetes, en las monedas de diez pesos, etc.; podría decirse que no hay hogar en México que no posea un calendario azteca en algún sitio de la casa, y sin embargo, su simbología circular, familiar a los ojos de todos, es también un gigantesco grito mudo y desconocido para todos.

CAP. 5

La leyenda negra de los Aztecas

Uno de los mitos "geniales" mas difundido en México y aún en otras partes del mundo es que los Aztecas, como parte de las siete tribus nahuatlacas que partieron de Aztlán, al noroeste del país, y que luego llegaron al dominio completo de un gran territorio que abarcaría hoy la mitad de México y algunas naciones de Centroamérica, eran una tribu de bárbaros, desarrapados, nómadas crueles que por casualidad o cúmulo de hechos afortunados llegaron a constituir un gran Imperio en el curso de pocos años, menos de cien, en un reinado efímero que los conquistadores españoles destruyeron sin detenerse a conocerlo ni mucho menos comprenderlo.

En la leyenda histórica que nos legaron los conquistadores y religiosos españoles, una especie de castigo divino le cayó al volátil imperio azteca de menos de un siglo, un reinado de violencia, sacrificios humanos y sangre, millares de litros de sangre por todos lados. Nada de esto es cierto.

Los hechos históricos de los mexicanos antiguos, que a diferencia de otras culturas están registrados en códices debidamente autentificados y aún en libros labrados en piedra, nos dan versiones diferentes de esta creencia.

Multitud de historiadores y escritores, han dejado la huella de sus estudios apasionados, de sus acuciosas investigaciones, de su admiración creciente por el enorme cúmulo de actos civilizados de la sociedad azteca, a la que el complot de algunos religiosos fundamentalistas, quisieron opacar con el mito de grandes crímenes y sacrificios humanos a nombre de la religión solar de Huitzilopochtli.

Sin embargo, para llegar al Imperio, los aztecas acumularon cientos de años antes una gran cultura, la que heredaron, la que aprendieron, la que de hecho secuestraron y la que fueron desarrollando al paso del tiempo.

En su camino hacia las tierras prometidas por el dios-colibrí, Huitzilopochtli, absorbieron otras culturas y grandes conocimientos, y cuando ya estaban preparados comenzaron a darle forma a su grandeza como Nación y como pueblo.

Inexplicablemente, este conocimiento, estudiado por muchos, rozado por algunos y dejado de lado por la mayoría de los investigadores, está a la vista de todos en los códices que los fanáticos religiosos españoles no alcanzaron a destruir.

Y no los destruyeron por razones económicas: por ejemplo, la lista de los pueblos tributarios o de los poseedores de tierras no tenía nada que ver con la religión y en cambio tenía el don de la continuidad para el cobro de impuestos o enriquecimiento de los dominantes que a cambio borraron toda huella de aquello que representara algún peligro para su religión, dominio y nuevo Reino. A esto le llamaremos el "complot Sahagún".

Algo así había ya hecho entre los aztecas el dirigente Tlacaeleltzin al apropiarse de la cultura Tolteca, y de los conocimientos de antiguos maestros. Empero, con todo y su gran genio político y militar, Tlacaelel mandó quemar los libros de amate, dejando atrás todo vestigio de ancestros que no eran suyos y que pudiera hacer ilegítima su estirpe, su Raza y su anhelo para crear el mito de un Dios propio y reescribir con los tlacuilos la "nueva" historia de su pueblo.

Cometió el mismo error que sus ancestros, al dejar en los cerebros de unos cuantos la explicación de los conocimientos que estaban en sus libros.

Al llegar la conquista, y el virreinato, los sistemas económicos españoles se impusieron de golpe y en el nombre de la cruz simbolizada en la espada, comenzaron el saqueo de las riquezas del nuevo mundo.

El oro y la plata que se llevaron, fue a parar sin embargo a las arcas de otros imperios: Inglaterra y Holanda, que eran poseedoras de mejores sistemas económicos, como demostró el maestro Agustín Cué Cánovas en su Historia Social y Económica de México.

"Las gigantescas provisiones de oro y plata traídas de las tierras descubiertas, tuvieron como efecto más importante fomentar en los españoles el desprecio al trabajo productivo", dice.

Pero ese fue indudablemente el más concreto antecedente de la Revolución Industrial que admiraría el mundo.

CAP. 6

Herencia cultural desconocida

Para entender lo anterior, tendremos que regresar a donde comienza nuestro conocimiento de México y de sus antiguos pobladores: nos ubicaremos, por ahora, precisamente en los años anteriores a la guerra por el gran territorio dominado y administrado por el Imperio Azteca, que en menos de tres años cayó en la vorágine de la conquista española.

En el año Mil de nuestra era aproximadamente, las tribus nahuatlacas, o de habla náhuatl, se desplazaban del norte de nuestro país hacia el centro, buscando donde asentarse definitivamente y absorbiendo cultura y conocimientos de los pueblos que iban conociendo.

Con la herencia cultural de un idioma, el náhuatl; una religión solar; un liderazgo sacerdotal, una escritura ideográfica que ya permitía llevar registros e historia; un calendario al mismo tiempo ritual y astronómico; el maíz como cultivo y alimento principales, planta modificada desde un ancestro silvestre; el temazcal y conocimientos transmitidos de medicina natural y herbolaria; una cultura de vocación lacustre, con la chinampa como maravilla de productividad agrícola; el juego de pelota, deporte y sistema para enseñar astronomía; un sistema político teocrático, con leyes, jueces y administración, ejército, organización urbana en ciudades, arte, educación pública, poesía. Danza y canto, comunicaciones y ciencias diversas aplicadas a su evolución y progreso, como matemáticas, astronomía, hidráulica, arquitectura, y en fin, todos los requisitos que configuran una auténtica civilización.

Los primeros en llegar fueron los xochimilcas, los últimos, los aztecas, y en una historia muy conocida, los últimos fueron primeros y comenzaron a dominar a sus vecinos y luego a los distantes hasta formar un vasto imperio.

En la Semana Santa o primavera de 1519, los vigías que tenía Moctezuma II estratégicamente colocados en todas las alturas que dominaban la costa del Golfo de México, avistaron las naves de la flota española y de inmediato, con señales de humo y con los **paynanis**, los mensajeros imperiales, la noticia llegó "corriendo" a gran velocidad hasta el corazón mismo del reinado: la Gran Tenochtitlán.

Otras naves españolas habían sido avistadas y dibujadas años antes en las costas lejanas, pero esta vez el miedo se filtró del Palacio Imperial a las calles y a todo el territorio administrado; Quetzalcóhuatl había regresado.

De allí, hasta la caída de la ciudad, destruida hasta en sus cimientos por los invasores y la captura de su Tlatoani Cuauhtémoc, el 13 de Agosto de 1521, no pasaron ni 30 meses.

El odio que los aztecas sembraran en sus vecinos oprimidos, mas la superioridad tecnológica en las armas y el número de los atacantes aliados comandados por Hernán Cortés fueron decisivos para marcar el destino de la ciudad que parecía emerger de las aguas.

La primera tarea de Hernán Cortés, además de repartir el botín, fue organizar el futuro de la capital azteca, determinar el trazo de la nueva ciudad y coordinar el cambio en la nueva administración, bajo los conocimientos y técnicas de gobierno de la época.

Eran los inicios del siglo XVI, con Europa iniciando apenas su salida del oscurantismo y gozando ya de los aires del renacimiento que había comenzado pocos años antes en Italia.

Cortés a lo suyo, el quinto del Rey incluido, puesto que se había hecho nombrar Capitán General: ya no tenía que rendirle cuentas más que al monarca y a su extensa burocracia.

Nada pasó al principio, se trazó la nueva ciudad y una febril oleada de construcciones dio paso a la ciudad de México, capital de la Nueva España y asiento de los poderes,

Una segunda oleada trajo desde la madre España a los primeros, a los segundos y terceros grupos de sacerdotes, que en llegando eran dotados de terrenos para sus conventos y parroquias, con sus respectivas huertas y encomiendas que les daban trabajadores gratuitos y casi esclavizados, a cambio del único compromiso de cristianizarlos y quitarlos de la idolatría.

La conquista religiosa fue por tanto más importante que la de Cortés, que al fin y al cabo fue solamente física y militar, de simple ocupación.

Los religiosos tuvieron la misión de implantar una nueva civilización y de suplantar la religión antigua por la que venía de Europa, y para ello tuvieron la ayuda necesaria de la Santa Inquisición, institución creada para doblegar y eliminar a los infieles.

El asesinato de la realeza azteca, y de la oligarquía dominante, significaba también la eliminación de los **tlamatinime,** los sabios, los maestros y de toda clase de personas con alguna preparación, aunque fuera mediana.

Cortés mismo inició este proceso ordenando a Pedro de Alvarado la matanza de los nobles, sabios y militares, así como los miembros de la raza dirigente, en el areito del 23 de Junio de 1520, precisamente la fiesta mayor de Tonatiuh Huitzilopochtli en su solsticio de verano, monstruosidad que provocó el levantamiento del pueblo azteca, el asesinato de Moctezuma II y la derrota de los españoles y sus aliados, que se conoce como la Noche Triste del 30 de Junio de 1520.

Cortés volvió meses después, con 200 mil aliados, puso sitio a la ciudad, defendida por Cuitláhuac y Cuauhtémoc y venció.

El siguiente paso fue destruir, desaparecer, borrar todo vestigio de lo antiguo; los vencidos no tenían derecho a conservar ni siquiera su idioma, mucho menos el recuerdo de sus historias o la continuidad de su religión y cultura.

Por ello fue la destrucción sistemática de los libros "pintados" que fueron quemados por miles o tal vez decenas de miles; los libros de **amate**, que es la corteza del árbol del mismo nombre, y de piel de venado los más finos y valiosos, que conservaban acuciosamente su ciencia, su saber y sus costumbres, sus protocolos religiosos, sus censos, sus leyes, sus poesías y cantares y sus historias…

En los actos de fe con ayuda de la Iglesia para quemar los libros antiguos, participaban entusiastamente personas sencillas de la raza conquistada, deseosas de quedar bien o salvar sus vidas, denunciando a quienes guardaban o escondían cualquier dibujo o pintura "demoníaca".

El raudo cambio de administración hizo posible el olvido. En sólo una generación, desapareció la antigua forma azteca de administrar la casa y únicamente quedaron los vestigios religiosos que en contrapartida hicieron posible su estadía en el tiempo y su permanencia a la posteridad.

Cabe aclarar además que para esas fechas y con todo respeto a los civilizados invasores y flamantes conquistadores de tierras "para Cristo y para el Rey Carlos", la administración derrocada y borrada de tajo, era más avanzada en sus procedimientos de gobierno y objetivos sociales, que los existentes en la monarquía europea, como dejamos asentado en el libro "**Calpixcáyotl,** el Imperio Administrado".

CAP. 7

ACALPIXCA, Xochimilco

Por avatares de mi destino personal, a fines del siglo pasado, llegué a vivir a Santa Cruz Acalpixca, un pueblo ya conurbado a Xochimilco en el sureste de la Ciudad de México

Lo primero que vi al paso, fue el letrero en un pequeño obelisco que preside, hasta ahora, la entrada al poblado en la avenida que va de Xochimilco a Tulyehualco, y que también es la salida de México al balneario de Oaxtepec, Morelos, y que dice: "*Acalpixca*: **lugar donde cuidan canoas**".

Muy recientemente, las autoridades colocaron en la plaza del pueblo un símbolo de metal que figura un canoero como simulando el que hubieran sacado de un códice antiguo para dejar allí un pictograma de nuestros orígenes. Y más adelante alguien colocó "su" nueva traducción: "vigilantes de canoas"

Me imaginé como broma, si usted llega en su canoa, y sale un chamaco; y le dice: ¿"se la cuido jefe"?

Santa Cruz Acalpixca está enclavada en la última estribación de la serranía del Ajusco, que termina allí como una cola de alacrán que desciende abruptamente del Volcán Teuhtli y envuelve a una antigua bahía del lago de Xochimilco, la que se fue desecando hasta desaparecer. Y hoy, apenas queda una milpa pequeña isla casi devorada por la mancha urbana.

Por curiosidad, y pensando en las traducciones hechas con prisa por los primeros investigadores de los topónimos y el habla náhuatl, pensé que en efecto, era plausible que en ese lugar, tras de esos montes de poca elevación, en la pequeña bahía que antaño existiera, se guardaran *acales* y que hubiera quedado en la memoria colectiva el nombre de ese lugar, pero la interrogante de su tamaño, su lejanía a los centros de población, comercio, guerra, etc. me inquietaba, pues ¿quién iba a guardar o vigilar canoas allí hace 600 o 700 años?

¿Para qué iba alguien a dejar allí sus canoas, sus acales, en aquellas eras remotas?

En el idioma náhuatl, **Acalpixca** significa **el lugar de los calpixques**, que podría interpretarse como el lugar de la aduana, o donde se pagan, se vigilan o se guardan los impuestos, es decir, la palabra Acalpixca, no viene de **acal**, canoa, sino de **calli**, pronunciado cal-li, o sea la casa, y de **calpixque**, el que cuida o guarda la casa, el que administra, el mayordomo. El nombre Acalpixca no tiene nada que ver con canoas.

Muy cerca está la población de San Gregorio Atlapulco, y allí, hay unos cerrillos con un paso en medio; la escuela secundaria del poblado tiene una biblioteca circular en la cumbre del cerrito, a unos veinte metros de altura, con un mirador que preside la transitada avenida, misma que antes fuera un ancho y orgulloso canal. La calle se bifurca rumbo al embarcadero de Caltongo que todavía presume canales en sus orillas y hacia Santa Cruz Acalpixca.

Ambas conducen rumbo al centro de Xochimilco.

Eran casi casi las columnas de Hércules en el famoso estrecho de Gibraltar. Esta vía acuática unía la cuenca lacustre de agua dulce de Chalco con el Lago de Xochimilco.

Los canales y las trajineras turísticas, llegaban en ese entonces, 1985, hasta los patios mismos del Museo Arqueológico de Xochimilco, y eso, apenas unos cuantos años atrás.

Se intuye de inmediato que en la unión de ambos pueblos donde existe actualmente una avenida asfaltada, hubo antes canales de amplias medidas que llevaban a los viajeros al centro mismo de Xochimilco y que además conectaban a esta zona con todo el sistema lacustre del Valle de México.

Si vislumbramos la época antigua, la cuenca lacustre era ocupada casi totalmente por el lago *Metztliapan,* "el lago de la luna", así llamado por los pueblos de habla Náhuatl, que salieron un día de *Aztlán* y de *Chicomoztoc,* "el lugar de las siete cuevas", siendo los xochimilcas los primeros que llegaron a este valle al que le dieron su nombre actual los mexicas.

La experiencia lacustre, lo que fueron absorbiendo de otras culturas en el camino y lo aprendido en ese largo peregrinar de siglos, les dieron a todos los pueblos nahoas y sus vecinos, una sola cultura y un prototipo civil de gobierno, de usos y costumbres, de vestido y alimentación, de religión y trabajo.

Eran sociedades en formación, dice Jacques Soustelle, que progresaban en la experiencia diaria y que lograron formar un verdadero Estado, surgido de sí mismos; dos océanos los separaron de los otros continentes durante miles de años, pero sin embargo lograron desarrollar una civilización genuina y diferente, sin influencia conocida de las otras existentes en su era.

Estamos en el siglo XII de la era de Cristo, inmersos en una civilización-Estado que se desarrolló lejos de toda otra influencia cultural dentro del amplísimo Continente Americano.

En la misma época, Europa se encontraba sumida en el oscurantismo medieval y apenas se vislumbraba al **renacimiento** abrirse paso a través del pesado lastre de la religión y la incultura.

Aquí mismo, el período clásico, el horizonte de oro y el esplendor cultural de los teotihuacanos había quedado en el silencio de muchos cientos de años atrás, dejando solamente en **Teotihuacán** la huella muda de sus rocas apiladas con inteligencia, pero gritando fuerte a los siglos su mensaje de misterio.

Habría que agregar a estos signos, inevitablemente por su importancia el perfeccionamiento de la *chinampa*, esa que los autores antiguos llaman "camellones" y que son islas artificiales, balsas cuadrangulares de troncos antiguos cubiertos del fértil cieno de los canales, donde se siembra y se cosecha todo el año, fecundando de nuevo con el lodo del fondo en cada vez, y de ahí su gran productividad agrícola, asombro del mundo, que hizo a Xochimilco descollar de inmediato entre los pueblos asentados a las riberas del gran Lago.

Muchos autores refieren que la cultura de las chinampas acompañó a todas las siete tribus que partieron un día de la mítica **Aztlán**, al norte del hoy territorio mexicano, en la costa noroeste del Océano Pacífico y se fueron acercando al Valle de México merodeando por otros lagos como los de Michoacán en su ruta hacia el centro del territorio.

Obviamente, los primeros en llegar, los xochimilcas, se reservaron los mejores lugares y terrenos, las orillas de un lago paradisíaco con clima templado y aire transparente que ofrecía manantiales de agua fresca y purísima, sustento sobrado de peces y aves, animales de cacería en sus serranías y colinas bajas de arboledas y prados apacibles, donde crecían multitud de flores y todo lo que se sembraba, prosperaba...

En poco tiempo, el propio espejo de agua quedó cubierto en esta parte por las chinampas y del lago solamente quedaban las vías reflejantes, los canales, muy anchos; los **apantles**, más pequeños y los **acalotes**, canales angostos entre chinampa y chinampa, que permitían la comunicación por medio de las canoas, **acales** o trajineras chicas.

Hoy todavía pueden verse en Xochimilco y sus canales, cruzando entre sus aguas, las trajineras de bajo calado, cargadas de flores o verduras, pasando como hace diez siglos entre los **ahuejotes**, los "viejos del agua", retratados hacia el cielo con sus troncos cual cipreses esbeltos; árboles añosos que "anclan" con sus raíces las chinampas y las dejan fijas y atadas a los limos del fondo para siempre.

Esta misma cultura lacustre, tan antigua, nunca hubiera sido posible sin el gran desarrollo que tuvo la navegación azteca masiva, aunque en sus formas rudimentarias.

Es más, podemos afirmar que la misma grandeza que llegó a ser el Imperio Azteca, jamás hubiera sido posible sin el enorme **poderío naval y comercial** que esos pueblos desarrollaron en el gran lago que cubría la casi totalidad del Valle de México, que con sus islas y bahías, era todo un enorme mar interior, y daba sustento a por lo menos un millón de habitantes.

Por las aguas del Metztliapan, surcaban a diario **cientos de miles** de canoas, *acales*, de diversos tamaños, fabricadas en troncos ahuecados de varias especies, con muchos estilos y tallas, pero herramienta vital para el sustento y transporte de quienes vivían de cazar y pescar en el lago y sus orillas, o cultivaban sus chinampas y tenían necesidad después de llevar sus productos a la venta o a sus hogares.

En las primeras épocas, cuentan los libros esculpidos en piedra, había lugares de navegación difícil, pues existían en las orillas del Padre Lago de las eras remotas, cocodrilos o caimanes, **Cipactli** o saurios de gran tamaño que simplemente se extinguieron por la presencia humana; se supone que la mayoría ofrecieron sus carnes a las mesas y sus pieles a las usanzas de los habitantes del altiplano, y, por otra parte, algunos seres humanos debieron pagar tributo a la naturaleza y a las fauces de aquellos saurios.

En los cienos sumergidos a muchos metros y en el fondo del manto freático en el que se posa la Ciudad de México, deben estar los restos óseos de las especies desaparecidas, como un reto para los paleontólogos y los investigadores.

Cabe decir que la salmuera del hoy Lago de Texcoco, es un conservador natural que solo está allí esperándolos...

El principio, génesis, con numeral uno,(Ce), en Cuailama

Las canoas, elaboradas con troncos ahuecados, pacientemente labrados con hachas de mano, algunas de cobre, la mayoría de obsidiana, eran trabajadas al fuego, calafateadas con el **ulli** sagrado, la resina lechosa del hule y del árbol chico zapote, el del chicle, perfeccionadas con la perseverancia y el tiempo, viruta a viruta, hasta que navegaban entre los anchurosos canales impulsadas con las garrochas de ahuejote y otras del carrizo grueso que el lago crecía en sus vastas riberas.

Las canoas servían para todo, para viajar a la chinampa, para ir al tianguis, para llevar los tributos, o enseñar a los hijos el oficio de vivir, ah, y también para la guerra.

No se sabe cuando comenzó la batalla entre quienes adoraban al sol y quienes tenían el culto lunar; entre las nieblas del tiempo transcurre esta guerra religiosa que marcó el fin del periodo clásico que tuvo su cumbre en Teotihuacán.

Le siguieron Aztlán Aztatlán y luego Tula; después, los adoradores de Quetzalcóatl vieron a su semidiós partir hacia el oriente, pero le escucharon la promesa de volver un día **ce ácatl**, uno caña, y mientras tanto, ascendía la estrella de Huitzilopochtli, el colibrí zurdo, y se acababa el predominio de los toltecas y su raza.

El terror como divisa y religión, fue para los aztecas el comienzo de su carrera hacia el poder y la gloria; su fiereza natural, su ambición de raza y saberse de pronto los elegidos del dios **Huitzilopochtl**i, -que nació armado y venció él mismo a sus hermanos y hermanas las estrellas - para colocarse como centro del cielo, y para librar día con día la incansable pelea en contra de las amenazantes tinieblas, también les había impuesto un precio de sangre: alimentar al sol y evitar su derrota por las fuerzas de la oscuridad.

"Examinando el sistema religioso de los aztecas, sorprende su aparente incongruencia, pues una de sus partes parece emanada de un pueblo culto, comparativamente hablando, y sujeto a nobles influencias, mientras que el resto respira una indómita ferocidad, lo que naturalmente sugiere la idea de dos distintas fuentes y autoriza la creencia de que los aztecas heredaron de sus predecesores una fe más benigna, a la que después heredaron su mitología, dice William Prescott, (Historia de la Conquista de México, Pág. 32).

Múltiples batallas se libraron por el predominio del valle, por el control del lago; el centro estratégico que proveía no sólo el sustento de la mayoría sino la comunicación interior, rápida, directa y eficaz.

Se luchaba rudamente por agua y por tierra. Y al final, ganaron los feroces aztecas con sus nuevas estrategias y sus acales de guerra; con sus flechadores, sus lanceros, sus escuadrones militares, sus numerosas huestes entrenadas desde la niñez en los menesteres de la guerra.

Llegaban en vertiginosos y demoledores ataques envolventes, dominando a pueblos y ciudades ribereñas enteras, a las que robaban sus mujeres, y sometían al tributo. También capturaban múltiples esclavos para participar del sacrificio a *Huitzilopochtli*, dios tutelar de los unos, impuesto por las armas a todos los demás, como si la rueda del destino les deparara en lo futuro la misma vara con que ahora medían.

Nótese que decimos **participar en el sacrificio,** pues en los originales documentos en náhuatl así dice y de ninguna manera se afirma que los esclavos eran sacrificados: no hay en la historia ejemplos de ningún pueblo guerrero que sacrifique a sus esclavos, aunque es innegable que a muchos enemigos y delincuentes si los ejecutaban de diversas maneras, e inclusive los ofrecían a su dios Huitzilopochtli, pero esa es una polémica que hasta la fecha no se ha dilucidado, no sabemos por qué.

La llegada de los aztecas al valle y después su vertiginoso ascenso guerrero, estuvo basado, como ya dijimos, en un alto porcentaje, en su enorme y creciente **poderío naval y mercantil.**

Escuadrones entrenados con novedosas estrategias para la guerra dominaron sometieron a tributo muy pronto a pueblos y personas educados casi exclusivamente en los trabajos del campo y las fiestas religiosas, y aunque disponían de armas y defensas muy variadas, fueron incapaces de contener la fuerza avasalladora de los aztecas.

Con ellos vino la caída y sojuzgamiento de Xochimilco y de otros muchos pueblos; todos los que vivieron a la orilla del lago o en sus islas, pagaban tributos onerosos al orgulloso y naciente imperio azteca, que mas adelante expandió su dominio hacia los cuatro puntos cardinales del territorio.

El estrecho paso entre los cerritos de lo que es hoy Santa Cruz Acalpixca y San Gregorio Atlapulco, y que unía al Valle de México con los Valles de Tláhuac y Chalco-Amecameca, adquirió una gran importancia estratégica: era el único camino y paso obligado para los mercaderes o **pochtecas** que venían del Golfo de México o del sureste del territorio acompañados de numerosos grupos de **macehuales** y sus fardos a cuestas, con ricas mercancías. También se podía viajar por Texcoco y sus alrededores, pero era más lejos y más complicado el paso en esos lugares donde el lago era muy profundo y los vientos dominantes soplaban con mayor fuerza.

Los cargadores de espalda, con sus mecapales de cuero o ixtle que sostenían en sus frentes sudorosas, veían como una bendición los embarcaderos de Chalco y Xochimilco, a la orilla del Metztliapan, que los liberaban de sus bultos al menos mientras comenzaba el siguiente viaje.

Hasta los **paynanis,** los mensajeros corredores, los estafetas que eran capaces de comunicar a la capital con la costa del Golfo de México a unos 400 kilómetros de distancia, en unas cuantas horas, avanzaban a mayor velocidad en los caminos del agua que entraban al orgulloso valle.

Multitud de valiosos cargamentos e impuestos circulaban por allí en trajineras de todos los tamaños, en conexión directa con el centro mismo del imperio confederado de Tenochtitlán, Texcoco y Tlacopan e iban a parar directamente hasta el corazón administrativo del mismo en México Tenochtitlán.

Legiones de personas, muchas de ellas que pagaban pasaje, se transportaban con mayor eficiencia y menor cansancio por los canales, igual que los soldados del imperio: de ida rumbo a las montañas del oriente y el sur hacia las tierras tlaxcaltecas, huexotzincas, chalcas, acolhuas, cholultecas, zapotecas, xicalancas, mixtecas, etc.

Y de regreso, de donde provenían tributos y mercancías de gran variedad, junto con cautivos de la guerra florida que predestinaban a participar en el sacrificio a los dioses.

Los cautivos eran una especie de "vacas" que ofrendaban su sangre forzados, a un dios en el que no creían, se punzaban piernas y brazos, vientres y senos, orejas y labios, y los más beatos o también los reacios, eran sangrados del pene.

Llegaban también, de todos los rumbos, visitantes y comerciantes de otras latitudes, atraídos por la "ciudad en las aguas", por su lustre y renombre que nadie en el territorio de Mesoamérica podía ignorar.

Todavía hoy a un costado del Palacio Nacional en la ciudad de México, está la Acequia Real, vestigio a desnivel de los canales pletóricos de personas en canoas que "hacían la vida" por esos lares en los siglos del XIV al XX inclusive y que comunicaba al "centro" de México con la hoy Calzada de la Viga, Santa Anita, Apatlaco, Canal Nacional y toda la ruta hasta Xochimilco o viceversa, en un viaje que duraba de seis a ocho horas y más y que podía seguir hasta los confines del lago y del valle, hacia Chalco y Amecameca, donde nacía el sol al pie de los volcanes Popocatépetl e Iztaccíhuatl, o al norte hacia los Cerros de Cuauhtepec, Tepeyac y del Chiquihuite. Asimismo hacia Atzcapotzalco al poniente y Texcoco al oriente.

Muchísimos de esos lugares conservan todavía sus nombres antiguos en el idioma ancestral que es para todos, motivo de orgullo y añoranza. En el Distrito Federal, es en Xochimilco y Milpa Alta donde con mayor respeto se habla todavía el idioma náhuatl y se enseña esa lengua a nuevas generaciones.

En Xochimilco, en muchos de sus pueblos, o en sus "colonias", y barrios, como se llama hoy a los antiguos asentamientos y las agrupaciones urbanas, todavía cruzan por la mañana personas a caballo, muchas que van a trabajar la chinampa, o al campo; llevan sus vacas a pastar y regresan arrastrando por la tarde **tlazole** y puntas o cañas de maíz seco, alimento para sus ganados, leña para los hogares.

Otros, conservan la tradición charra heredada de los españoles y sus caballos, y practican suertes con lazo en las calles o *lienzos,* vestidos a la usanza del llamado deporte nacional, la charrería, que por cierto acaba de ser designado por la UNESCO, al igual que Xochimilco, "Patrimonio Cultural de la Humanidad".

Es la provincia en el sur de la gran metrópoli de veinte o más millones de habitantes; algunos jirones nos quedan todavía en Tlalpan, en Milpa Alta, en Tláhuac y la zona chinampera, además de Cuajimalpa.

Los canales de Xochimilco, -de los que aproximadamente más de 190 kilómetros de vías navegables pueden recorrerse aún-, son el vestigio vivo de la **chinampaneca**, de la que algo le toca todavía a Tláhuac; tradiciones y modo de vida que permanecen y que hace muy pocos años, hasta muy entrado el Siglo Veinte, a partir de los años 40s, 50s y 60s, comenzó a desaparecer vertiginosamente, cubierto por la mancha urbana que avanzó avasalladora y trastornó significativamente los estilos de vida y costumbres de la ciudad y de Xochimilco.

A partir de 1940, se comenzó a desecar el Canal Nacional que dio nombre a la Calzada de la Viga; diversas obras de la modernidad se abrieron paso y la clausura de la vía lacustre mas importante en el Valle de México, y sus ramales, originó también en forma significativa, el cierre de las tradicionales formas de organización social y económica que permitían los lagos y canales.

Terminó con esto toda una época y comenzó ahí la profunda transformación urbana, incontenible, inexorable,

Luego, en 1950 la orgullosa zona lacustre estuvo a punto de morir y desaparecer totalmente; los canales se azolvaron, el gobierno se olvidó, la navegación era intransitable por el lirio acuático y la basura, y el sistema de apantles y **acalotes**, (camino de canoas) ya no funcionaba, de tal manera que la indiscriminada explotación de los manantiales, y la construcción indiscriminada de viviendas, puso en riesgo mortal a la chinampaneca que había progresado durante más de mil años, y fue, en su esplendor, la principal surtidora de productos perecederos, de la valiente y esforzada Tenochtitlán, de la Nueva España, y de la muy noble y leal ciudad de México.

La solución que el gobierno encontró en ese entonces fue desviar los caudales de los ríos Churubusco y San Buenaventura, con aguas negras que se tratan en la planta del Cerro de la Estrella, en Iztapalapa, y que van a parar a la zona lacustre.

Después de proporcionar aguas puras de la mejor calidad, que se ostentaban orgullosamente hasta en los baños públicos como agua de gran calidad proveniente de los manantiales de Xochimilco, la población recibía y **recibe** hoy en pleno Siglo XXI aguas negras tratadas.

En las avenidas que van y vienen de Xochimilco, en la carretera que va a las poblaciones de Oaxtepec, y Cuautla, Estado de Morelos, pueden verse muchos de los edificios blancos, con líneas azules, cuadrados, con las siglas del gobierno capitalino, encerrando en su interior las docenas de pozos que día y noche bombean agua potable a la sedienta ciudad.

Las protestas siguen hasta la fecha.

Por entonces, descubrí a los **calpixques**.

CAP. 8

Los Calpixques

Los calpixques son una figura totalmente desconocida de la administración mexica, parte de la eficiente burocracia del Estado Azteca, creado y establecido por Tlacaeleltzin.

Esa estructura y su funcionamiento, se extravió al ser pasados los **calpixques** a las traducciones españolas como los **mayordomos**, sustantivo disfrazado y confundido con las mayordomías religiosas, que todavía existen.

Pero el nombre quedó asentado para siempre en el poblado de **Santa Cruz Acalpixca**, pues allí, era el paso obligado, en la digamos "Aduana" de ésta entrada al Valle de México, entre los cerrillos de Santa Cruz Acalpixca y San Gregorio Atlapulco; además de que en esa población vivió el Calpixque *Pinotl,* uno de los últimos que tuvo ese nombramiento en el gobierno de Moctezuma II,

Los **calpixques** fueron los recaudadores de impuestos, pero no eran sólo eso; también administraban los tributos, eran los que apuntaban en sus "pinturas": cuánto y de dónde, cómo y por qué del tesoro público y además, cumplían una importante función social en la progresista sociedad tenochca.

En el "Jardín de las Raíces Aztecas", el diccionario de aztequismos del Dr. Cecilio A. Robelo, se lee en su lección XX la palabra *Calli,* interpretada como casa, arca o caja; bajo la forma **de cal y cal-li,** y aparece la palabra **calpisque** o *calpixqui*: el que cuida, el guardián de la casa. "Se daba este nombre al **mayordomo de hacienda** o de finca rústica".

Igualmente, en el "Diccionario de la Lengua Mexicana o Náhuatl", de Rémi Siméon se lee:

"**Calpixcan**: Lugar dónde se vigila.

Calpixqui: Intendente, mayordomo; plural calpixque y cacalpixque para decir varios intendentes. De **calpia**, guardar, por cuidar, Gobernar, dirigir la casa".

Verdaderos libros de piedra, como el calendario azteca, la piedra del sol o la efigie que llamamos Coatlicue, se "leían" de corrido o cantaditos de memoria, como los códices, por los tlacuilos y guardaban en sus símbolos las claves de su enseñanza en lengua náhuatl, claves que todavía esperan a quien las interprete y revele la mayoría de sus secretos escondidos.

La Matrícula de los Tributos, el Códice Mendoza o Mendocino, recientemente publicado en facsímile por la Revista Mexicana de Arqueología, es un documento dedicado a la administración y hacienda pública mediante el cual, el imperio azteca, y su capital México Tenochtitlán llevaba la cuenta y calendarización precisa de los tributos que las diferentes provincias y sus pueblos entregaban periódicamente. Este es un documento que logró salvarse de la destrucción entre los muchos que existían, pues obviamente a los españoles les interesaba mucho conservar la lista de los tributarios, de los productos que aportaban y de cuánto pagaban.

De una ciudad en el centro de un islote, la legendaria Aztlán, vinieron, y a una ciudad en un islote llegaron; cuando los **aztecas** fundaron su capital, en 1325 su estructura social y política no era diferente de la que habían conocido antes y durante su larga peregrinación, pero a partir de la consolidación del imperio con **Ahuízotl**, se nota un cambio fundamental: la sociedad mexicana se ha diferenciado, complicado y jerarquizado.

Ha nacido, ha sido creada, la **Calpixcayotl**, entendida esta como la zona tributaria, **el imperio administrado**. Se supone que fue Tlacaelel quien diseñó este concepto, lo inventó o lo heredó en todo caso de un conocimiento probablemente transmitido de los toltecas y aún de civilizaciones anteriores.

Fue el mismo Tlacaelel quien ordenó destruir la historia antigua, los libros de amate toltecas que la guardaban y la reescribió de nuevo creando el mito del pueblo elegido por un dios colibrí, Huitzilopochtli, que se sustentaba con sangre del sacrificio de seres humanos. Con esto, inventó también un régimen de terror y una religión que avasalló en brevísimo tiempo a las asustadas poblaciones sojuzgadas.

Se fue pasando del predominio guerrero y la imposición del tributo al refinamiento imperial, al desarrollo de una teocracia y una religión impuesta con sangre, ávida de sangre…el tremendo parecido de esta realidad con la que el destino se les venía encima encarnado en los ambiciosos militares españoles que ya venían cruzando el mar para el cumplimiento de las profecías, es impresionante y causa casi única de la aceptación y sumisión que siguieron al golpe de mano armada que Hernán Cortés infligió a la jerarquía imperial azteca.

Los aztecas también crearon la leyenda, los macehuales servirían a los señores "de raza" que fueran capaces de guiarlos y defenderlos, y así fue planteada la singular alianza.

Un dirigente, cuatro subalternos, el quicunque sagrado de Quetzalcóatl, la estructura político administrativa seguía ese mismo canon piramidal: bajo las órdenes de un señor o **tecuhtli,** siempre había otros cuatro que eran como "su equipo de trabajo" y los que ejecutaban sus órdenes provenientes a la vez de las instrucciones de la jerarquía superior.

De alguna manera, este sistema reproducía el número 5 o quicunque, número sagrado de Quetzalcóatl-Venus que se simbolizaba de múltiples y diversas maneras, y que se encuentra en el ceremonial de por ejemplo, los voladores de Papantla. Ritualmente significa los cuatro puntos cardinales y el centro. Multitud de jeroglíficos de cinco puntos o cinco elementos, así lo atestiguan.

En toda esta jerarquía social, había una innovación en la que la aristocracia brindaba una oportunidad al pueblo bajo: los humildes o de cuna **macehual**, tenían sin embargo la oportunidad de ascender hasta los niveles máximos, con excepción del cargo de emperador, si se destacaban en el ejercicio de las armas y la poesía, o por su inteligencia y preparación en el **Calmecac.**

El pueblo del sol se establecía, de hecho, como un Estado real y funcional. Uno de los estudiosos de la geografía política precortesiana, Pedro Carrasco, defiende primero el término de **imperio,** aplicado a *"una organización estatal a gran escala, en la que hay dominio de un pueblo sobre otros, e igualmente de un rey supremo sobre otros reyes subordinados".*

Carrasco, en su completísimo estudio de la "Estructura Político-Territorial del Imperio Tenochca", editado por el Fondo de Cultura Económica y el Colegio de México, habla de las provincias o **calpixcayotl** que el imperio tenía, y ofrece en más de 600 páginas ejemplos sobrados y evidentes de la existencia y funciones de los **calpixques.**

Nos dice también, que por lo general, la terminología náhuatl no está bien definida en las fuentes históricas ni en los diccionarios, y que a veces, hay que **colegir** el significado de acuerdo con el contexto.

Pero no nos cansemos, los funcionarios encargados de la administración, y especialmente de los impuestos, eran designados por el término genérico de *calpixque*, "guardián de la casa", que los conquistadores y los cronistas tradujeron por "mayordomos" y el término de **calpixque** se fue difuminando entre las mayordomías, término religioso para designar a los "escogidos" para presidir y administrar las fiestas religiosas.

Aún hoy día, principalmente en Iztapalapa, Xochimilco, Tláhuac, y Milpa Alta por hablar sólo de algunos lugares que guardan la tradición religiosa antigua en la ciudad de México, es un alto prestigio ser *mayordomo* o integrar la mayordomía de, por ejemplo, el Santo Señor de Chalma o el **Niñopa** tradición xochimilca de gran culto al niño Dios que es reconocida hasta por la Santa Sede Católica, el Estado Vaticano.

Baste decir que este prestigio social está ya "apartado" por familias, en una lista de espera que pronto rebasará el año 2050.

Los *calpixque* de antaño eran escogidos principalmente de la categoría *pilli*, la de los nobles o hijos de nobles; su función principal consistía en hacer que se cultivaran las tierras destinadas al pago de impuestos, recibir los granos, productos y mercancías que cada provincia debía enviar a intervalos fijos y asegurar su transporte a las bodegas del emperador en la ciudad de México Tenochtitlán.

El origen y destino de los fondos públicos, que en este caso eran en especie, al no conocerse la moneda, se sabía y establecía mediante los libros elaborados en fino papel de amate, fibra de maguey o pieles de venado, delicadamente curtidas, donde los funcionarios especialmente entrenados al efecto, escribanos, y verdaderos contadores públicos de la antigüedad mexica anotaban cuidadosamente en cada detalle los avances de las finanzas públicas.

Estos funcionarios se denominaban *calpixques* y los había de diferentes categorías: desde el simple *calpixqui* de un *calpulli* o ejido-pueblo, hasta el *Huey Calpixque* que era el jefe de todos ellos y los organizaba con su equipo de trabajo por provincias, ciudades y barrios, la **Calpixcáyotl,** o población bajo tributo, **pues ya dijimos que Calpixcáyotl es el imperio administrado.**

El "equipo de trabajo" siempre con subalternos de cuatro en cuatro, como toda la jerarquía religiosa y política, se componía de los encargados de almacén, armas, justicia y pueblos, el **Petlacalcatl**, el **tlacochcalcatl**, el **achcaucalcatl** y el **calpixcalcatl**.… Los poderes establecidos reproducían una especie de secretarías de Hacienda, Defensa, Justicia y Desarrollo Social.

Sin desearlo tal vez, pero con singular tino, los aztecas aplicaron la estructura de gobierno aristotélica, con poderes judicial, ejecutivo y legislativo a los que aunaron el representante de la sociedad.

El primer **Huey Calpixque** fue naturalmente **Tlacaeleltzin.** El último registrado fue el huasteco Pínotl.

Además de México Tenochtitlán, los reinos de Tlacopan y Texcoco que formaban la Triple Entente, o la Triple Alianza, también tenían sus **calpixques** para administrar la parte del tributo que les tocaba, siendo la parte del león para los aztecas.

Por lo que respecta a las provincias, cada una de ellas constituía una unidad fiscal más que una unidad política, pues la gobernaban sus propios caciques.

En cada "capital", residían estos funcionarios; el *calpixqui*, era casi un Virrey encargado de recaudar el impuesto; pero a eso no se limitaban su papel y sus atribuciones. (Alonso de Zurita, Breve y Sumaria Relación...).

Nos cuenta Jaques Soustelle:

En la provincia de Cuetlaxtlan, en el Golfo de México, sucedió que se rebelaron contra Axayácatl en el año **chiconahui acatl**, o sea nueve caña, 1475. (Códice Telleriano Remensis)... "los cuetlaxtecas encerraron en una casa a los recaudadores –**calpixqui**- mexicanos y les prendieron fuego... (Tezozómoc).

En las casas nuevas de Moctezuma, dicen los cronistas, palacio cuyas dimensiones y lujo sumieron a los aventureros españoles en el estupor y el asombro, había lo que hoy llamaríamos oficinas de los poderes públicos, la burocracia, digamos, tribunales como el *achcauhcalli*, donde se reunían funcionarios encargados de ejecutar las decisiones de la justicia; el tlacochcalco, donde se guardaban armas y escudos, el *petlacalco*, tesoro público de grandes bodegas en que se acumulaban reservas considerables de maíz, fríjol, chile, vestidos y mercancías de muchos géneros o hasta canoas grandes y pequeñas que se pagaban como tributo.

También existía la "sala de los *calpixques* o administradores", contadores encargados de llevar al día la cuenta de los impuestos, además de locales donde trabajaban toda clase de artesanos, desde *amantecas* que hacían preciosidades con las plumas de aves de riquísimos colores venidas de las junglas del sureste; hasta expertos orfebres de oro, plata y cobre de la mixteca y hasta espacios destinados a prisión de cautivos y delincuentes.

El desarrollo vertiginoso de su civilización, luego interrumpida súbitamente, había llevado a los aztecas a niveles óptimos en el desarrollo de las herencias culturales de sus antecesores olmecas y toltecas: en este caso debe recordarse que en Teotihuacán existían "barrios" de artesanos y de "paisanos" de otras tribus o poblaciones de habla diferente a la azteca, como los orfebres de la mixteca, que hablaban en zapoteco. Es curioso que hoy, en pleno siglo XXI existan en la gran urbe de Nueva York y otras poblaciones de los Estados Unidos, "barrios" de oaxaqueños, de habla zapoteca y de otras etnias mexicanas.

Las demás provincias tributarias se denominaban a sí mismas **calpixcas** o sea tributadoras, contribuidoras en relación a otras, que a su vez eran tributarias del imperio y miembros de la **Calpixcayot**l como en el caso de Yautepec, Jojutla, Tlaquiltenango y muchas otras poblaciones que guardan en sus documentos históricos esta calidad de **calpixcas** en el hoy estado de Morelos.

Dice en el Periódico Oficial, del Gobierno de Morelos Enero 29 del 2003, "…En los años de 1425 a 1436, quienes habitaban Jojutla fueron conquistados por Izcóatl y Netzahualcóyotl, quedando sometidos a tributo a través de la Calpixca Acolhua, que era Tlaquiltenango, y al señorío de Cuauhnáhuac como se ve en la Matrícula de Tributos del Códice Mendoza, figura 24 de la lámina 11".

Netzahualcóyotl, Rey de Texcoco, había dividido los alrededores de su capital en ocho distritos; cada uno de los cuales estaba sujeto a esta obligación durante un periodo determinado del año, bajo la vigilancia de sus *calpixques* que fijaban el tributo cobrado a sus provincias.

El *Huey Calpixque* reunía en su persona las funciones de prefecto, casi un Jefe de Gobierno, un Regente de la capital, -el que daba instrucciones a los jefes de cada barrio-, y llevaba sobre sus hombros la alta dirección de los recaudadores de impuestos en el imperio, afirma de nuevo Jacques Soustelle.

Obras públicas diversas así como "la conservación de las calles" debía estar a cargo de las autoridades locales de cada barrio, bajo la vigilancia del *Huey Calpixque*, funcionario imperial que, como prefecto, les daba las instrucciones.

Cada día, afirma Soustelle, se ocupaban mil personas en la limpieza de las vías públicas, que barrían y lavaban con tanto esmero, que se podía caminar por ellas, dice un testigo, "sin temer por los pies más que por las manos".

Increíblemente, la ciudad mágica de México-Tenochtitlán, tenía en ese tiempo, **alumbrado público** a cargo, naturalmente, de los **calpixques.**

Los mexicanos no disponían de relojes o clepsidras; dice Fray Bernardino de Sahagún, por lo que los tambores y caracolas marcaban nueve divisiones del día entero, cuatro para las horas de luz y cinco para las horas de oscuridad.

En una época en la que Europa no conocía esta comodidad de la vida moderna, los aztecas la implantaron en su urbe capital.

Ofrece otro testimonio de esta aseveración, Fray Juan de Torquemada, quien asegura que Tenochtitlán, "la ciudad era alumbrada con braseros de fuego colocados de trecho en trecho y que Moctezuma disponía de un millar de hombres encargados de este menester".

Eran los mismos empleados públicos, los encargados de mantener limpias las calles de día, iluminadas de noche hasta por lo menos la hora en que se apagaban los fuegos, aproximadamente las once; la mayoría de ellos habitaban en los mismos barrios a los que servían.

El historiador francés **Alberto Reville** escribió que el uso del alumbrado público en las ciudades de Europa, comenzó hasta mediados del Siglo XVII, ¿sería tal vez copiado de México, para Europa éste servicio urbano?

Rafael Ramos Arizpe nos estimula al afirmar que "las calles de Tenochtitlán, eran regulares y limpias, alumbradas durante la noche por medio de luminarias encendidas en las bocacalles, cuando las ciudades europeas, en la misma época, no soñaban aún con estos refinamientos".

Y remata: "el conquistador Hernán Cortés, ni traía, ni aceptó luego tan buena costumbre, por lo que al desaparecer el alumbrado de la capital, con la caída heroica de Cuauhtémoc, hundió a ésta en las tinieblas durante más de doscientos años".

Hasta inicios del siglo XX comenzó en México el alumbrado público por medio de la electricidad.

A los pueblos y ciudades que se rendían sin pelear, no se les designaba un **calpixque**. Dice Andrés de Tapia: "Al que se daba de paz no tenía sobre él tributo cierto, sino que tantas veces al año le llevaban presentes a su discreción… y en éstos no ponían mayordomo ni recaudador".

El historiador Armando Ayala Anguiano refiere que "usualmente los aztecas no imponían autoridades en las regiones conquistadas, sino que dejaban a las mismas de antes con tal de que se comprometieran a pagarles el tributo convenido. Solo se dejaba en la región un **calpixque**, funcionario azteca que se encargaba de vigilar el exacto cumplimiento del trato".

Durante el terremoto de 1985 en la Ciudad de México, la organización estatal fue rebasada y tuvo que intervenir lo que el escritor **Carlos Monsiváis** llamó la"sociedad civil" para acudir en auxilio de la población.

Seiscientos años antes, en los casos de inundación, terremoto, incendio o tragedia colectiva que trastornara la vida cotidiana del pueblo, el *calpixque* informaba y sugería cantidades de la ayuda a los damnificados, como sucedió en la gran inundación de 1498 a 1501, donde se demuestra la eminente función social de los calpixques.

El Calpixque mayor y sus subalternos, en este caso en persona, entregaron diez cargas de *quachtli*,-una pequeña fortuna, en piezas de tela- a cada uno de los valientes buceadores, -que eran de Xochimilco por cierto-, no sabemos cuántos, que se atrevieron a luchar contra los **tlaloques**, númenes del agua y taponaron con rocas la copiosa salida de agua.

Los calpixques además, distribuyeron **doscientas mil cargas de maíz** e importantes cantidades de vestidos a la población damnificada y hambrienta. Para los enfermos había una vasta farmacopea empírica con multitud de hierbas medicinales y "médicos naturistas" que las recetaban. El estado sufragaba los gastos de sus repletas bodegas.

Aparte de todo esto, los **calpixques** repartieron **treinta y dos mil canoas** entre los habitantes damnificados, para permitirles transportar las pertenencias que pudieran salvar de las aguas, y esperar a que éstas recuperaran su nivel.

¿Cuántas canoas poseía este gobierno, capaz de entregar de golpe 32 mil acales que "tenía guardados" en sus almacenes?

Yo creo que actualmente ni en todo Xochimilco podrían juntarse 32 mil canoas.

La historia nos da cuenta de que en los gobiernos de los dos Moctezumas, el Flechador del cielo y el Hijo predilecto, el **xocoyote**, hubo sequías y hambruna en diferentes lugares del territorio imperial.

Naturalmente, se asienta que los **calpixques**, cumpliendo su función social, por órdenes de sus tecuhtlis auxiliaron a la población con alimentos suficientes, mientras la naturaleza y **Tláloc** les permitían recuperar sus cosechas y su vida normal. También en esa época se hablaba del cambio climático…

Tecuhtli es el emperador, que también llevaba el título de *Tlatoani*, el que habla; a los mismos dioses les daban ese nombramiento prestigioso; los antiguos soberanos de ciudades bajo la obediencia y autoridad de Tenochtitlán, son *tecuhtli*; un gran sacerdote es igual a un jefe militar, muy superiores ambos al sacerdote de barrio o al pequeño funcionario, el *calpixque* que cobra los impuestos y administra las obras sociales y dirige a su vez al *calpullec* encargado de la tierra en la mínima aldea.

No hay duda de que existían planos de México en la era precortesiana; ¿Pues cómo la administración azteca, que empleaba numerosos escribanos para tener al día los registros de distribución de las tierras y el reparto de los impuestos, iba a descuidar su propia capital?

Estos planos, y los registros de los calpuleques están perdidos en su mayoría pero algunos existen hoy en día y fueron y son utilizados por los habitantes de algunos poblados para mantener sus derechos ancestrales sobre la propiedad de las tierras comunales.

Prosigue la "Vida Cotidiana de los Aztecas": "Este cuadro de la jerarquía mexicana, que evoca de manera curiosa el sistema administrativo del imperio inca en el Perú, permite hacerse pocas ilusiones en cuanto a la autonomía que podía disfrutar el **calpullec**, entre el **Huey Calpixqui**, en lo alto de la jerarquía, y la burocracia inferior".

Los *calpixques* eran así mismo responsables de la realización de los trabajos de los edificios públicos, de la conservación de los caminos y del suministro de servicios domésticos en los palacios imperiales.

En cada provincia, el *calpixque* residía en la capital con su estado mayor, que comprendía buen número de escribanos capaces de tener al día los registros del tributo y de redactar los informes; no hay duda de que tenía delegados en las ciudades o aldeas principales de su provincia.

Nunca se anotó el nombre del obeso jefe cempoalteca, y de otros caciques que lo acompañaron, pero si se sabe lo bien que los dirigieron los conquistadores para sus propios fines, tomando "bajo su protección" a los quejosos, que cayeron de la sartén al fuego. Se quejaban de los impuestos que pagaban a los aztecas, llorarían después bajo el yugo español.

La "Historia Verdadera de la Conquista de la Nueva España", escrita por el conquistador Bernal Díaz del Castillo, muchos años después, guarda un recuerdo imborrable del poder que tenían tales funcionarios y de la autoridad terrible de que disponían.

Así relata el primer encuentro de Hernán Cortés con los *calpixques*, la fuerza del imperio, a poco de su llegada a la costa mexicana, en *Quiahuiztlán*, un lugar cercano al puerto de Veracruz y a Zempoala: "Estando en estas pláticas vinieron unos indios del mismo pueblo muy de prisa a decir a todos los caciques que allí estaban hablando con Cortés, cómo venían cinco mexicanos que eran los **recaudadores** de Moctezuma, y desde que lo oyeron, se les perdió el color y temblaban de miedo; y dejan sólo a Cortés, y salen a recibirlos y pronto les enraman una sala y les guisan de comer, y les hacen mucho cacao, que es la mejor cosa que entre ellos beben. Y cuando entraron por el pueblo los cinco indios vinieron por donde estábamos, porque allí estaban las casas del cacique y nuestros aposentos, y pasaron con tanta continencia y presunción, que sin hablar a Cortés ni a ninguno de nosotros, se fueron delante. Y traían ricas mantas labradas y bragueros, y el cabello lucio y alzado, como atado en la cabeza, y cada uno con unas rosas oliéndolas, y mosqueadores que les traían otros indios como criados".

Los *calpixques*, soberbios representantes del mando central, no dudaron en convocar de inmediato ante ellos a los jefes totonacas que tuvieron la imprudencia de "saltarse las trancas" al tratar directamente con Cortés, ni en darles ahí mismo una violenta reprimenda llena de amenazas.

Hernán Cortés los hizo detener y luego en secreto, soltó a los calpixques para que fueran a contarle a Moctezuma de su generosidad. Entre ellos iba Pínotl, el Huey Calpixque de Moctezuma II.

De los tributos que debían recibir los mexicas y sus aliados en los tiempos inmediatamente anteriores a la conquista, dan cuenta precisa la matrícula de los tributos o sea el Códice Mendocino y otros manuscritos como el Códice Azoyú II, y el Códice Humboldt.

De nueva cuenta todos los documentos antiguos fueron destruidos sistemáticamente, ya sea por sus connotaciones religiosas o culturales, que los españoles deseaban desaparecer para implantar su propia religión y cultura.

Sin embargo, la información de los tributos y de los **calpixques**, se mantuvo vigente y no fue destruida por razones naturales, pues la mayoría de los pueblos que antes estaban bajo el yugo tenochca, eran ahora tributarios naturales del Rey de España.

La información de los tributos que los indios pagaban a Moctezuma, así como la segunda parte del Códice Mendoza elaborado hacia 1540, sigue con algunas modificaciones el contenido de la matrícula" (Revista Arqueología Mexicana, edición especial 14).

En **Santa Cruz Acalpixca** no existe actualmente ninguna indicación de esta toponimia, ningún vestigio queda tampoco de la casa o pequeño palacio de Pínotl, de la cual no existe descripción en ningún documento antiguo.

Solo quedó su nombre. Y lo registra el mismo Bernal Díaz del Castillo entre los visitantes distinguidos y presentes en el primer contacto de los aborígenes de tierras continentales con los españoles.

El pueblo de Santa Cruz Acalpixca, en Xochimilco debe denominarse entonces **"lugar de los calpixques"**. En el Xochimilco actual, es un orgullo singular ser Mayordomo en las fiestas religiosas y portar la guirnalda de flores que los distingue; además, la Asamblea Legislativa del Distrito Federal, equivalente a la Cámara de Diputados de la capital de la República, curiosamente instaló en Xochimilco la **Contaduría Mayor de Hacienda**, organismo que verifica el origen y destino de los fondos del erario público y que cada año revisa en la Cuenta Pública, la manera en que se ejerce el presupuesto del Gobierno del Distrito Federal.

CAP. 9

Fundación de Xochimilco, en Cuailama

Setenta años antes de la fundación de México Tenochtitlán, **Xochimilco** fue fundado por **Acatonalli**, primer señor de este lugar en el año de 1265, al pie del cerro **Cuailama**, que quiere decir: *vieja del bosque.*

Como los xochimilcas fueron los primeros en llegar al Valle, que se supone estaba casi despoblado, se apoderaron de los lugares cercanos a los manantiales, y como instalaron sus chinampas sobre las aguas del lago, tuvieron pocas dificultades para poblar las tierras.

El cerro Cuailama está en Santa Cruz Acalpixca, muy cerca del centro de la Delegación de Xochimilco, de los embarcaderos y su Museo Arqueológico.

La Cuailama es también la curandera, que algunos traducen por bruja, pero que en realidad representa a la diosa **Toci**, "nuestra Abuela", o a eterno femenino, la diosa madre en su fase de ancianidad, de sabiduría, bondad y de experiencia.

Los primeros pobladores de Xochimilco y de **Acalpixca** fueron campesinos que cultivaban chinampas y eran al mismo tiempo canteros que trabajaban primorosamente la piedra, extraída del mismo cerro y otros aledaños, de lo que dejaron huella en el centro ceremonial Cuailama, verdadero observatorio astronómico, cuyos petroglifos aún pueden visitarse en el lugar.

El centro ceremonial **Cuailama** estuvo vinculado a las festividades de fertilidad agrícola y con el culto al Sol, que se refleja en sus eventos calendáricos y astronómicos.

Su ubicación en el extremo meridional de la Cuenca de México, y su altura, aproximadamente 40 a 50 metros sobre el nivel del Lago, le proporcionan una panorámica privilegiada, lo que "le permitió cumplir una función de vigilancia en el tráfico lacustre hacia Tenochtitlán", dice la Revista de Arqueología Mexicana Vol. 11, No. 60.

El nombre de Santa Cruz le fue agregado por los españoles; la iglesia católica que comenzó a erigirse en el poblado, en 1522, y se dedicó a la Santa Cruz el 3 de Mayo de 1535, es una de las más antiguas de América, y naturalmente sus cimientos esconden lo que fue una pirámide de la cultura y religión mesoamericana que compartían los habitantes de Xochimilco con los mexicas.

En una placa en el atrio de la iglesia, se lee actualmente, que en "ese lugar" precisamente, o sea, donde se emplaza la iglesia, sucedió la fundación de Xochimilco en el año de 1196. Una generación antes, según otras versiones. Debe hacerse notar, sin embargo, que en el cerro Cuailama una piedra antigua a la vera de la calle 2 de Abril, por cierto casi tapada por un árbol y llena de musgo, graffiti y líquenes, grita al paso con su esculpida pirámide escalonada que allí fue la fundación de Xochimilco. A escasos metros del sitio, quizá diez, comienza el lindero de un terreno habitado y dos casas más allá, la calle sube a la colonia Tecacalanco.

Acalpixca Atenco, el lugar donde se establecen los vigilantes de canoas, a la orilla del agua, fue también, obviamente, un embarcadero.

En el cerro **Cuailama** se ha logrado localizar diversos montículos, terrazas y grabados esculpidos directamente en la piedra.

Varios de los montículos han desaparecido ya, así como una calzada prehispánica que unía de oriente a poniente la zona arqueológica y daba acceso a la parte superior del cerro **Cuailama**, donde se encontraba el área ceremonial.

Además, se han registrado cimientos de habitaciones sacerdotales, de unos 400 metros cuadrados, y una jolla o campo militar de entrenamiento xochimilca, donde todavía hoy, en pleno siglo XXI, retumban los tambores y los cascabeles, el colorido plumaje de los penachos y danzantes modernos, concheros con la misma piel morena de siempre, que celebran el advenimiento del equinoccio de primavera cada 21 de Marzo o el de otoño el 23 de Septiembre.

Con la llegada de la primavera multitudes de hombres y mujeres vestidos de blanco, -aquí nació esa tradición-, suben hasta el centro ceremonial y atestiguan cada año el resurgimiento de la antigua religión con sus sahumerios y ceremonias diversas. Con rituales en el idioma de sus ancestros y al ritmo de teponaxtles y atabales "hechizos" o modernos, flautas, caracoles y chirimías, bautizan a sus hijos con nuevos nombres en náhuatl y rezan al sol en el retorno a uno de sus prístinos santuarios.

Maravillosamente, las puntas del **nahui ollin** que está grabado en el cerro Cuailama en forma de cruz, o más bien de "equis", apuntan al sitio en que amanece el sol en cada fecha solsticial o equinoccial, en las cuatro estaciones del año

Cada fecha primaveral puede observarse allí cómo avanza el astro rey en cada día, inexorablemente, hasta llegar al extremo opuesto, el 23 de septiembre, de donde comienza su eterno y cíclico regreso, hasta que termine el quinto sol, y ese día, según el calendario azteca, nacerá el sexto sol, pero no habrá quien encienda en las cimas de las montañas de todo el Valle de México el fuego nuevo, la luz sagrada.

También allí puede observarse, hacia el lado sur y a media altura del cerro, la figura de la **Cuailama**, la vieja hechicera, o curandera del bosque, con su perfil senecto y papada de anciana, sus ojeras y nariz aguileña con las manos en posición de conjuro.

La i-lama o pájara vieja es también un ave de color parduzco amarillento, del doble de tamaño de un gorrión, muy común en Xochimilco, que las gentes conocen como "primavera" y que existe en muchas regiones del país.

La extraña escultura natural de la Cuailama, de aproximadamente cinco metros de altura, recuerda a la diosa Toci, "nuestra abuela", pero también tiene reminiscencias olmecas y tuvo que ser reforzada, pues algunas de sus partes se han roto con el peso y con el paso del tiempo.

En el Museo de Antropología e Historia de la Ciudad de México, se encuentra una estatua de Xochipilli, sentado sobre un cubo de basalto primorosamente esculpido, que también muestra un enorme parecido con la Cuailama, pues, Xochiquetzal y Xochipilli son lo mismo en diferentes advocaciones de la diosa madre.

Lleva pulseras y rodilleras con el símbolo flor de seis pétalos y adorna sus tobillos con canilleras de garras y sobre ellas, dos flores campánulas, con las corolas hacia abajo, una arroja fuego y las otras seis semillas…**el sexto sol**.

Xochipilli, la "flor principal", dios de las flores, de la agricultura, de la música, el canto y la poesía, tiene las piernas cruzadas, las rodillas en alto y los pulgares e índices en contacto, mirando de frente, al infinito. En el pecho ostenta dos medias lunas cubriendo dos soles, tiene grandes orejeras de jade y una coraza cuyo fleco termina en garras y colmillos de tigre.

Xochipilli, de gran culto en el Xochimilco precortesiano, muestra un extraño parecido con la Cuailama. Esta estatua azteca se encuentra en el Museo Nacional de Antropología e Historia en Chapultepec.

Los escultores, probablemente xochimilcas y la estatua, probablemente también de las canteras olivínicas de Acalpixca, tallaron bellamente hasta los "cacles", los cactli o huaraches de Xochipilli, que era adorado fervientemente en Xochimilco.

CAP. 10

Los Petroglifos de Cuailama

De los petrograbados en las faldas y en la ladera del cerro Cuailama, algunos de los más conocidos son:

Cihuacóatl, la mujer serpiente, o "**el general**", es la primera figura que se encuentra al subir la vereda o escalinata del centro ceremonial. Tiene un alto tocado formado por dos serpientes que se entrelazan con sus cabezas a los lados. Usa cactli o sandalias y sus vestidos muestran el lujo de la clase noble; actualmente ya solamente se le puede mirar con claridad la pierna izquierda y parte de la cara o tocado.

Se piensa que en alguna época este petroglifo fue dinamitado o fue alcanzado por una explosión, pues la zona era usada como cantera todavía en 1950 y fechas anteriores. Lleva nombre de mujer aunque es un guerrero varón, pero debe recordarse que este nombre se daba al segundo en el mando después del jefe o Tlatoani.

El "Sacerdote" o **Huetzallin**, sigue; está hincado sobre una pirámide con un incensario en las manos del que se desprende el humo del copal que toca los bordes de su vestuario sacerdotal.

Antiguamente se podía leer en la piedra la fecha que se supone marcaba la salida del líder Huetzallin desde la antigua Tollán guiando a los xochimilcas hasta este lugar.

Más arriba está también el **Cipactli**, o cocodrilo antiguo, hoy extinto y que seguramente habitó las orillas del gran lago en otras remotísimas épocas. Esta figura, representa el origen, el principio y también el primer signo solar del calendario mesoamericano. Lleva el numeral **Ce** o uno, el génesis, y sobre el espinazo sáurico pueden observarse nubes o el símbolo del universo mismo. El Calendario Chino comienza con el signo Dragón, un saurio de mucho parecido con los relieves de Cipactli. En la portada de este libro el comienzo del Sexto Sol se representa precisamente con el Cipactli, el origen o génesis.

> Según el Padre Clavijero, "tenían los mexicanos noticia, aunque alterada con fábulas, de la creación del mundo, del diluvio universal, de la confusión de las lenguas y de la dispersión de las gentes. Decían que acabados los hombres, cuando el diluvio, sólo se salvaron en una canoa, un hombre llamado **Coxcox** o **Teocipactli**, y una mujer nombrada Xochiquetzal, los cuales habiendo tomado tierra al pie de un monte que se decía Culhuacán, tuvieron muchos hijos, pero todos nacieron mudos hasta que una paloma, desde lo alto de un árbol, les infundió las lenguas tan diferentes entre sí que ninguno entendía al otro".

Ahí mismo está el *xonecuille*, o "pie encorvado", bastón-cetro de Quetzalcóatl que también representa la **Citlalcueye** o Vía Láctea; de lo alto baja un cuerno de la abundancia, adornado con 14 volutas de humo que simbolizan las constelaciones; ojo, en el centro hay un cráneo con un cuchillo de obsidiana o pedernal emergiendo de la descarnada mandíbula; algunos investigadores creen reconocer en este símbolo una cuenta astronómica relacionada con los ciclos de Venus y la tierra. Igualmente se reconoce en esta figura uno de los pocos símbolos que se han conservado de las representaciones de **Huitzilopochtli.** Todas estas figuras están urgidas de protección y su deterioro es ya irremisible.

Más adelante está **Yaoyizque**, "El Guerrero", una figura apenas perceptible del **Caballero Jaguar** que fue; puede verse o intuirse su escudo o **chimalli** y la pierna izquierda nada más.

Le sigue muy cerca la figura del **Océlotl,** o tigre, símbolo del Sur y de la guerra, con un rugido congelado en la piedra y que parece escucharse de cerca.

Una figura que llama la atención en esta zona arqueológica que fue estudiada acuciosamente por Hermann Beyer en 1924, es la **diosa**

Xochiquetzal, o, la "mariposa de fuego", un amarillo y volátil símbolo de Santa Cruz Acalpixca, que dio a conocer Nicolás Islas Bustamante en el Siglo XVIII.

Xochiquetzal es la diosa del amor, es la doble o gemela bonita y joven de **Xochipilli,** su contraparte cuya morada está en Tamoanchán, la tierra prometida, lugar paraíso, vergel de ríos y fuentes azules, alfombrado de flores multicolores y olorosas; allí crece el árbol **xochitlicacan.** Árbol maravilloso que cobija y bendice a los enamorados; aquellos que toquen sus flores y se acojan a su sombra: serán eternamente felices.

Sobre la diosa Xochiquetzal, de gran culto en el Xochimilco prehispánico y en diversas formas en el Xochimilco actual, interpreta Fray Bernardino de Sahagún: "*decían, que las mujeres labranderas, (hilanderas), eran casi todas malas de su cuerpo, por razón que hubieron el origen de labrar de la diosa Xochiquetzal, la cual les engañaba, y esta diosa también les daba sarna y bubas incurables y otras enfermedades contagiosas; y la que hacía penitencia a que era obligada, merecía ser mujer de buena fama y honra y sería bien casada...*"

Leemos en el Códice Vaticano-Latino:

> **Tonacacíhuatl,** "la señora de la vida" era la esposa de **Tonacatecuhtli,** no obstante que sus dioses no hacían uso del matrimonio, les asignaban sin embargo una señora por compañera: llamábanla **Xochiquetzal** y **Chicomecóatl,** "siete serpiente" por que dicen que ésta causaba la esterilidad, la carestía y la miseria de esta vida..."

> *Xochiquetzal* era la madre de Quetzalcóatl, "flor preciosa", era la representación de la diosa madre, Tonantzin y Tlazoltéotl, diosa del amor, del pecado perdonado y también de las hilanderas...

Alguna vez nos preguntábamos el por qué de la poderosa relación entre Chalma y Xochimilco, muestra de la fe que cada año mueve decenas de millares de personas en fatigosa pero arraigadísima peregrinación a pie y a caballo por casi 160 kilómetros de ida y vuelta, cruzando la serranía del Ajusco; la respuesta está en el santuario del manantial, adonde la gente llega bailando con guirnaldas de flores, guirnaldas de calpixque o mayordomo en la cabeza.

Casi todo mundo se sabe la música para bailar, una tonada de añejo sabor azteca, que repite como en tambores y atabales el ritmo de la veneración al señor de Chalma.

El santo Señor de Chalma, que se venera en ese lugar, es el sincretismo católico de Tlazoltéotl, o Xochiquetzal.

Xochipilli era el principio masculino de Xochiquetzal, ambos eran adorados principalmente por las gentes de las chinampas, los xochimilcas.

> *Nos relata el maestro Ángel Ma. Garibay: "de la primera relación sexual entre el hombre primigenio y su mujer, nace **Piltzintecuhtli**, dios de las flores y del amor, que es identificado con Xochipilli. De los cabellos del dios formaron a **Xochiquetzal** su esposa. De esta pareja nacerá Cintéotl, joven dios del maíz, de cuyo cuerpo saldrán a su turno diversas plantas alimenticias…"*

Leyenda tomada del códice Maglíabecchiano:

> *"Este demonio que aquí está pintado dizen que hizo una gran fealdad nefanda, que ese Quetzalcóatl, estando lavándose, tocando con sus manos el miembro viril, echó de sí la simiente y la arrojó encima de una piedra y allí nació el murciélago al cual mandaron los dioses que mordiese a una diosa que ellos llamaban **Xochiquetzal**, que quiere decir rosa, y le cortase de un bocado lo que tiene dentro del miembro femenino, (clítoris), y estando ella durmiendo lo cortó y lo trajo delante de los dioses y lo lavaron y del agua que dello derramaron salieron rosas que no huelen bien y después, el mismo murciélago llevó esta rosa al Mictlantecuhtli, y por eso las rosas que no huelen dicen que son nacidas desde el principio en esta tierra…"*

Xochiquetzal, la diosa mariposa tuvo una gran importancia en la esencia misma de la idiosincrasia de los pueblos nahuatlatos, que era la poesía, como muestra Garibay en sus Cantares Mexicanos:

> *"Otra vez los dioses se congregan: el precioso del sur, Huitzilopochtli, el dominador de los hombres, Titlacahuan, y las mujeres Flor de Plumas Ricas, **Xochiquetzal** y la de la negra falda con la de la roja falda, Yapalicue y Nochpalicue. Todos los dioses mueren en Teotihuacán."*

La diosa *Xochiquetzal*, con sus advocaciones de Tlazoltéotl y Tonantzin-Tonacacíhuatl fue adorada también en Teotihuacán y en Malinalco, en el Tepeyac, en Chalma, y en el Valle de los Matlazincas, Ocuilan y Temazcaltepec, en el estado de México y en Huejotzingo y Cholula, en el estado de Puebla.

Uno de los templos de Xochiquetzal estaba dentro del Templo Mayor de Tenochtitlán, era pequeño pero lujosamente adornado con tapices y bordados de primor, con joyas de oro.

Xochiquetzal tenía poder de perdonar; a su santuario iban las mujeres grávidas a orar y a confesarse; los tlacuilos la representaban joven y hermosa, con el cabello largo hasta la cintura, perfumado de flores sutiles, un gracioso fleco cubría su frente y de su diadema roja de cuero, salían dos penachos de plumas de quetzal, antenas de mariposa que la identifican con la primavera. Muchas mujeres nahoas utilizaban sus trenzas como tocado para figurar a Xochipilli.

En Chalma, la advocación de Tlazoltéotl-Xochiquetzal, tenía la facultad de "devorar la inmundicia", es decir, comerse los pecados, redimir.

Los españoles se asombraron de que en el México antiguo se conociera la confesión y el perdón de los pecados, pues la gente iba a Chalma a confesarse, a lavar sus pecados en el manantial, los que se perdían y "desprendían" del cuerpo al danzar con las guirnaldas, las flores de Xochiquetzal en la cabeza.

El santuario de **Cuailama** es referido también en los trabajos de José Luis Franco en 1959 y Wilhelm Krickeberg en 1961 y también en 1972 y 1977 por Eduardo Noguera, aunque este último autor, y otros muchos dentro y fuera de Xochimilco, confunden a **Xochiquetzal** con la diosa **Itzpapálotl.**

La confusión fue resuelta por el investigador chiapaneco Carlos Rommel Beutelspacher, doctor en ciencias biológicas y además Entomólogo y Lepidopterólogo, Investigador de la UNAM, quien define a la mariposa de Santa Cruz Acalpixca como la **Papilio Multicaudata Kirby**, la más popular y más común de las mariposas en los jardines del Valle de México: la brillante y amarilla **"llamadora".** (Las Mariposas entre los Antiguos Mexicanos", Fondo de Cultura Económica, 1988.)

La diosa **Itzpapálotl** o mariposa de obsidiana, o de navajas, por su parte, es una deidad de origen chichimeca, que representa a la diosa madre, a la tierra y a la luna, y también al oeste.

Es la mariposa que los niños llaman "ratón viejo", de mal augurio desde tiempos precortesianos, pues representaba a la muerte.

A *Xochiquetzal*, que representa a la vida y a la primavera, Fray Bernardino de Sahagún la describe como "el diablo" y confunde las antenas de la mariposa con cuernos, pero es sabida la perversa tergiversación que este cura obsesionado con ligar al diablo y a Huitzilopochtli, logró legar a los mexicanos esta leyenda negra como una tradición dificilísima de arrancar pese a las evidencias.

Los pueblos mesoamericanos, que compartían una cultura uniforme en el altiplano de México y en las costas de ambos mares hasta el istmo de Panamá, tenían la costumbre de adoptar los dioses "de los otros" y agregarlos a sus adoratorios, por lo que adoptaron a **Itzpapálotl**, chichimeca, igual que a **Tlazoltéotl**, de los huaxtecos, que al fin y al cabo, como diosas, eran las mismas.

Tenían su sincretismo y quizá por ello no les costó mucho trabajo, aunque sí sangre, adoptar la nueva religión que les trajeron los teúles españoles.

Tiene una característica más la mariposa de **Cuailama-Santa Cruz:** las dos partes de su trompa o proboscis, forman un tubo con el que chupan o liban el néctar de las flores, pero en el petroglifo, los tubos están separados y desarticulados, formando espirales.

Aunque puede tomarse esto como una representación de Quetzalcóatl, me explica el Dr. Rommel Beutelspacher, la explicación es más sencilla: se trata simplemente de que los escultores xochimilcas o quienes la dibujaron magníficamente para luego plasmarla en la piedra, tuvieron que capturar primero algunos especímenes, al estilo "natural", es decir, con unas ramas de pirul.

La proboscis, de la mariposa, especie del mexicano juguete "espantasuegras", se muestra así desmadejada y golpeada de un "ramazo" que la derribó.

Está también en el petroglifo, una flor y rama del árbol xochitlitlacan, aunque otros creen identificar en ella a **huacalxóchitl**, la planta sagrada de los xochimilcas; sin embargo, este vegetal está en duda, pues aunque fue identificado por Manuel Becerra en 1924 como **huacalxóchitl**, su descripción no concuerda con la familia y especie de las Aráceas, con tres hojas y dos flores, e inclusive, se han representado las raíces, pero la sinonimia de la planta sigue en duda, y los biólogos que la han estudiado concuerdan en que de ninguna manera se trata de la especie *Philodendron* a que corresponderían las hojas tripartitas.

Mas petroglifos: la **cocoxóchitl** o Dalia, la flor nacional, así como la **yoloxóchitl**, la magnolia, esa flor blanca, grande y perfumada que tiene precisamente la fama de ser remedio a los males físicos y enfermedades del corazón.

Hasta arriba, está el **Nahui Ollin**, el centro mismo del calendario azteca, y signo de que ahí funcionaba un centro ceremonial astronómico. Frente a este petroglifo del **tonalámatl** o calendario adivinatorio, pueden observarse cimientos de antiguas habitaciones que demuestran que en la antigüedad los símbolos estaban protegidos, y que allí había un Calmecac, una escuela superior.

La importancia de este vestigio es su presencia e igualdad de trazo con el calendario azteca; las investigaciones posteriores pusieron en claro su hermandad con la piedra del sol, pues los basaltos olivínicos en que ambas están esculpidas con maestría, hablan claramente de su común origen. El marcador solar esculpido allí marca la precesión de los equinoccios y está orientado con precisión astronómica.

Xochiquetzal, La mariposa llamadora en Cuailama

CAP. 11

La piedra mapa

Finalmente, este maravilloso lugar tiene la famosa **tenahualapa** o "piedra mapa" que le da nombre al barrio en que se ubica.

Sobre la avenida, a escasos cien metros de la escalinata que conduce al cerro sagrado de Cuailama, se encuentra una escalera estrecha de piedra, aún dentro de la zona arqueológica que se ha visto reducida y rodeada por todos lados de casas habitación, en terrenos vendidos a los colonos de manera arbitraria. La colonia Tecacalanco ha crecido y rodeado la zona arqueológica cada vez más constreñida a su reducido espacio.

Arriba, a diez o doce metros de altura de la avenida 2 de Abril, se encuentra la roca labrada, rodeada de una cerca de herrería y tapada con láminas de zinc ya herrumbrosas que algunos vecinos de Santa Cruz, celosos de su herencia histórica, como la Profa. Emma Contreras Alquicira, y José González, entre otros, miembros de familias aquí muy numerosas y orgullosas de su patrimonio cultural, colocaron y se cooperaron para vigilar que los alumnos de la escuela secundaria que las autoridades edificaron frente al cerrito, no la acaben de destruir, por ignorancia o vandalismo.

Esta piedra labrada, es digna de un programa televisado de Jaime Maussán, estudiante de misterios, pues fue esculpida bajo algún sistema topográfico o visual desconocido hasta la fecha, y nos muestra en relieve, como vistos desde las alturas de un globo o helicóptero, los registros geográficos de 56 ojos de agua, los ríos y riachuelos que descienden hacia todo el lago de Xochimilco, como era en su esplendor, además de ocho edificios con sus escalinatas, una con 22 y otra con 17 peldaños, y multitud de veredas que llevaban a las poblaciones circundantes a Santa Cruz Acalpixca en los tiempos de Pínotl, el Huey Calpixque de Moctezuma Xocoyotzin.

En Xochicalco existe una piedra mapa similar, una maqueta que demuestra la planificación urbana previa a la construcción de zonas ceremoniales.

En el museo de sitio puede verse este monolito y compararlo luego con el imponente conjunto de edificios que está en el cerro de enfrente y que de noche se ilumina en un impresionante espectáculo moderno de luz y sonido.

En el museo arqueológico de Colima, Col. también puede mirarse una piedra mapa similar, por lo que sabemos que su uso era extendido en toda la región cultural de Mesoamérica.

Puede observarse en la de Cuailama un estadio semicircular provisto de terrazas o escalinatas hacia la explanada o filo del agua de **nahualapa**, como se llama hasta la fecha el barrio donde está **este centro ceremonial**; en las docenas de puntitos que marcan veredas y caminos, puede mirarse también las figuras acuáticas de una serpiente y un pescadito, ambos opuestos.

Es un verdadero monumento a la ciencia antigua que conocía de matemáticas, arquitectura, de topografía e hidráulica, de astronomía y muchas cosas más que se enseñaban allí, sobre el terreno vivo.

Muy cerca, junto al Panteón de Santa Cruz Acalpixca, se levanta la escuela "**Tlamachihuapan**", prodigiosa intuición de quien le puso el nombre al "lugar donde se reúnen los maestros a enseñar".

A 500 metros del centro ceremonial se encuentra la Piedra de **Tetitla**, una roca caliza con la figura de **Xochipilli** que está boca abajo. Simboliza a la primavera al estar entre el follaje y es necesario rescatarla al igual que muchos otros vestigios que aún están en la zona.

La gente de Santa Cruz llamó el "huacal" a este lugar en el cerro de Santa Cruz, desde donde pueden verse de lejos las cruces que lo denominan y por que guarda los restos rectangulares piramidales del templo dedicado a la Osa Mayor y a Citlalcueye, la Vía Láctea y por lo tanto a Quetzalcóatl, el gran maestro iniciador y educador del pueblo.

Desde el observatorio se mira también en el centro del valle, el cerro de la Estrella en Iztapalapa; cada 52 años al encenderse el fuego nuevo en lo alto del antiguo **Huizachtépetl**, las cumbres de todos los cerros y montañas del valle, se iluminaban con las piras anunciantes del júbilo por el nuevo siglo de 52 años.

En las batallas que se sucedieron hasta la caída de Tenochtitlán en esas mismas cumbres pudo observarse las "señales de humo" con que los aztecas se comunicaban, como reseñaron cronistas españoles.

El templo-Calmecac de Cuailama, que conoció y describió Fray Juan de Torquemada, tenía murales relativos a la agricultura y un par de escalinatas provistas de anchas alfardas. Hoy las casas ya no dejan ver estos vestigios y probablemente sus piedras ancestrales estén como cimientos de hogares que los colonos establecieron allí.

Atrás del cerro de **Cuailama**, el celoso y alto Volcán Teuhtli vigila el Valle de Xochimilco y se asoma a los Valles de Tláhuac y de Chalco.

Pero hay más.

CAP. 12

Una nueva ciencia...antigua

Una nueva ciencia parece estarse abriendo paso en los años recientes: la Arqueoastronomía: el estudio de las coordenadas geográficas de los edificios prehispánicos y su evidente conexión con la posición astronómica del sol, la luna y otros astros y sus movimientos. Esto demuestra además, la ubicación y **orientación cósmica predeterminada** de la casi totalidad de los monumentos arquitectónicos de la antigüedad mesoamericana.

Las hierofanías, iluminaciones sagradas, se lograban orientando la construcción de edificios, templos y observatorios en los lugares exactos para que el sol señalara los momentos precisos y particulares del calendario.

En 1865, un científico mexicano de nombre Ramón Almaraz, a quien rendimos aquí tal vez el primer homenaje, publicó un memorial en el que asienta el profundo conocimiento astronómico que existía en nuestro país antes de la llegada de los españoles, y la conexión geográfica y orientación de las pirámides del sol y la luna en Teotihuacán.

Mas no fue el primero: cien años antes que él, Antonio de León y Gama, arqueólogo y astrónomo mexicano, describe en 1775 un petroglifo descubierto en Chapultepec por Don Juan Eugenio Santelizes; "*en un plano horizontal, tenía grabadas en relieve tres flechas, unas sobre otras, las cuales se hacían en el medio ángulos iguales: las puntas de las tres miraban al oriente, donde señalaban las de los dos lados, los puntos solsticiales y la de en medio, el equinoccial. Una especio de cinta las ataba"*, dice.

Luego se duele León y Gama de la destrucción de tales piedras y se pregunta cuántas antes, preciosos monumentos de la antigüedad, habrán perecido de esa manera y por falta de inteligencia. (Citado en "Lajas Celestes", CONACULTA, UNAM, Munal, 2003 pag. 81-82)

Muchos otros monumentos, estatuas, edificios, pirámides, algunos de los cuales ya no existen sino vestigios de unas cuantas piedras y cimientos o tienen iglesias católicas encima, están orientados de acuerdo a su ubicación entre las montañas del Valle de México y manifestando en sus estructuras, la avanzada ciencia astronómica de los aztecas, marcan la precesión de los equinoccios y los solsticios en las cuatro estaciones del año, y aún más: los españoles, que en cada lugar donde había una pirámide la derribaban y construían en el sitio una iglesia católica, para borrar toda huella de la religión original, dejaron en lo alto de sus torres marcada en el paisaje de cada día equinoccial o solsticial, las pistas de una señal de lo que nunca supieron ni entendieron.

De esa manera, en el cerro **Xochitepec**, o de Tepepan, donde también hay petroglifos, lo mismo que en las torres de las iglesias de **Xaltocán** y en la de **San Bernardino**, la de **Santa María** Tepepan y la de **Santa Cruz Acalpixca,** hay líneas solsticiales que marcan inequívocamente las fechas del 22 de Junio y 23 de Diciembre cuando se desatan las lluvias de verano y de invierno.

Antiguas pirámides yacen bajo los templos; en Tepepan, el montículo prehispánico domina la escena y el altar de la Virgen de la Asunción mira hacia el oriente, mientras que desde el acceso al atrio puede observarse el horizonte del Este.

El acontecimiento anual del solsticio, el 23 de Junio se presenta en el lado norte del Popocatépetl: el sol desprende sus primeros destellos matutinos en el Volcán Teuhtli y giran hacia el sur hasta tocar las faldas del popular "Don Goyo".

La iglesia de Tepepan se suma a la línea solsticial de la pirámide circular de Cuicuilco, donde el sol se oculta atrás del Pico del Águila, en el Ajusco, precisamente el día que entra el verano y el invierno, con precisión matemática, los días 21 de Junio y 23 de Diciembre respectivamente.

En una investigación de Franz Tichy y Johanna Broda, ambos expertos en los emplazamientos prehispánicos, afirman que la línea solsticial era conocida e indicada en sus monumentos por los antiguos pobladores de México.

La línea del sur para la región abarca Cuicuilco, Xochimilco, Acalpixca, Teuhtli y Tecómitl, para llegar al Volcán Popocatépetl.

No se necesita ser alpinista ni escalar mucho para llegar a estos observatorios naturales: desde la pirámide de Cuicuilco, que puede admirarse en la ciudad de México, sobre la calle en la Avenida Insurgentes y Av. Periférico Sur: allí, el sol sale y se detiene en Nexpayantla, donde se inicia la falda norte del Volcán Popocatépetl

En la Parroquia de San Bernardino, a quien muchos llaman la Catedral de Xochimilco, la salida del sol se observa sobre la falda norte del Teuhtli, siempre en la fecha solsticial.

En Acalpixca, Tonatiuh se asoma desde el cerro Tlacualleli y se ve su salida sobre la zona nevada del Popo.

En un fenómeno interesantísimo, que puede seguirse día a día; el sol va marcando los lugares, las pirámides y las montañas, como en la cueva del Teuhtli; el astro solar se detiene antes que la posición vista en Cuicuilco.

Igualmente en la Iglesia de San Antonio Tecómitl el sol sale sobre la falda norte del cerro Ayaqueme, en Milpa Alta.

Increíblemente, por este fenómeno de hierofanía se venera a la Virgen de Guadalupe el 12 de Diciembre, pues en el santuario de Tonantzin en el cerro del Tepeyac, la línea solsticial se observa once días antes, en que el sol sale en el cerro del Papayo, vértice sur, y permanece estacionario varios días hasta llegar el 23 de Diciembre, máximo punto del recorrido solar hacia el sur.

Las danzas a Tonantzin, nuestra madrecita, comenzaban el 12 de Diciembre en el calendario prehispánico observable en el cerrito del Tepeyac. Simbolizaban el embarazo de Tonantzin, que daría a luz a Tonatiuh nueve días después, en una admirable versión de ciencia al alcance del pueblo, pues antes del solsticio el sol permanece estable y parece que se detiene o titubea para proseguir su camino sideral que reinicia el día solsticial. Los danzantes marcan este hecho puntualmente cuando retroceden un paso y siguen dos adelante mientras los tambores huéhuetl marcan el ritmo.

Otro ejemplo valiosísimo lo encontramos en la Iglesia de Nuestra Señora de los Dolores, en Xaltocán, casi en el corazón mismo de Xochimilco, que fue construida como la conocemos en 1751.

Anteriormente hubo allí otra iglesia que estaba sobre la pirámide antigua; aún pueden verse en sus cimientos y contrafuertes, piedras prehispánicas labradas con motivos xochimilcas, como la **oruga** de color anaranjado y de medio metro de alto que se mira en uno de sus contrafuertes, en plena avenida y da a la parte trasera del templo, prodigioso símbolo religioso de la transformación, la metamorfosis, la espiritualización de lo que hoy se arrastra y después levantará el vuelo; es el sexto sol, aquí ya no importa el credo o si se adora a un dios o a un santo.

El altar de Xaltocán, se dirige hacia el oriente. La iglesia de Nuestra Señora de los Dolores, Virgen milagrosa y veneradísima en Xochimilco, es la única edificación que se mira "girada" y descuadrada con respecto a la calle y a la traza urbana de la hoy Delegación Xochimilco, pues fue levantada sobre el templo antiguo, en dirección a donde el sol se detiene el día solsticial de Diciembre.

Por eso en uno de los contrafuertes de esta Iglesia de Xaltocán, del lado norte, puede ubicarse el sol, el día que se menciona, recortarse sobre el horizonte entre las siluetas del Popo y el Teuhtli.

Oruga en la Iglesia de Xaltocan, Xochimilco.

En el cerro de Xochitepec, Tlacaelel dirigió y ganó desde lo alto la batalla final de aztecas y xochimilcas, cuentan los cronistas; arriba hay una cruz grande que obliga a muchos a decirle el Cerro de la Cruz, y a la población Santa Cruz Xochitepec, pero tiene también vestigios de antiguas estructuras indígenas.

Alrededor del cerro hay especies de "maquetas" o pilas a suerte de "pocitos" que se llenan de agua cuando llueve; se piensa que medían la intensidad de las precipitaciones pluviales, a fin de cuentas, las cumbres de los cerros, eran "fábricas de agua", habitadas por los dioses tlaloques, los hijos de Tláloc.

Cuando la lluvia era insuficiente para llenar las pocitas, los vigilantes sabían que se avecinaba la sequía, e informaban a sus autoridades.

En los cantos de las peñas de Xochitepec, existe señera la efigie de un personaje recostado, que representa a Tlacaelel mirando al horizonte, hacia el poniente, donde los cerros frenan las nubes cargadas de lluvia que empujan los vientos del norte.

Lleva un traje de gobernante Cihuacóatl o jefe guerrero, lujoso, el penacho lo forman los pliegues naturales de la roca; lleva orejeras y sin ser Chac Mool, Tlaloc en Maya, aunque lo parece, lleva en su vientre una "pocita" que se llena de agua al llover.

Otro uso de estas "pocitas" era el de espejo: el reflejo del agua en la piedra gris permitía mirar el sol en los eclipses sin perjudicar los ojos y observar cómo lo devora la Luna y cómo Venus "entra al fuego" y sale después incólume **anunciando un nuevo sol**.

Por ello, los eclipses de Venus tenían un altísimo significado ritual y era vital su registro y detección precisa.

En esta peña de Tepepan, que muchos llaman de Tlacaelel, está la orientación de Venus en sus fechas y periplo importantes, y puede observarse, si no hay nubes o contaminación, en la pocita del vientre.

En un folleto del Instituto Nacional de Antropología e Historia, editado en ocasión del eclipse de sol del 11 de Julio de 1991 nos enteramos de que "la prolongación de la >Calzada de los Muertos<, que forma el eje norte-sur de Teotihuacán, lleva por el sur a un dibujo grabado en una roca del cerro **Patlachique**: un círculo de puntos que tiene en su interior dos diámetros que se cruzan en ángulo recto. Por otros rumbos del cerro hay grabados artificios similares, utilizados antaño por los topógrafos y geómetras aztecas; muchos de estos inteligentes artificios que señalan las líneas solsticiales se encuentran también en diversas otras partes de Mesoamérica"...

Por supuesto que hay muchos sitios más, pero permítaseme continuar con las historias desconocidas y sorprendentes de Xochimilco.

CAP. 13

La Piedra del Sol

Existen pruebas de que aquí en Xochimilco, se originó y probablemente se esculpió la piedra del sol, el **calendario azteca**, en el **nahui ollin** que puede mirarse hoy todavía a lo alto de las escalinatas del centro ceremonial **Cuailama** en Santa Cruz Acalpixca, en los basaltos olivínicos que todavía existen y que pueden compararse, analizarse o estudiarse científicamente para demostrar lo que apuntó Nicolás Islas Bustamante desde el siglo XVIII.

Los registros de Carbono 14 aplicados, demuestran que el calendario azteca, es del mismo material y de la misma época que los petrograbados en el cerro, esculpidos aproximadamente en el año de 1450 que coincide con la terminación e inauguración del Templo Mayor de la Gran Tenochtitlán.

La consagración del templo, como lo dice en sus signos sagrados el propio monolito, fue en el año 13 caña o sea 1479. (**Matlactli Omey Acatl**).

Formidable aventura del ser humano, los xochimilcas llevaron el pesado petroglifo de 12 toneladas hasta las puertas mismas del corazón de México en el Templo Mayor transportándolo en una grande y fuerte trajinera por canales y acequias.

No se sabe si fue esculpido en el sitio, o la piedra, ya en segura ubicación, cobró vida en las manos de los sabios que plasmaron allí una huella maestra de su profundo conocimiento matemático, astronómico y filosófico.

La experiencia puede haberles enseñado que en la transportación de una pesada piedra ya labrada, se corre siempre el riesgo de un naufragio; algún día los arqueólogos podrían encontrar en el fondo de las calles que antiguamente fueron canales, huellas o vestigios de algún percance acuático, que los hubo, y que el cenagal cuida celosamente en sus profundidades aún ahora en el siglo XXI.

Todavía recordamos el enorme trabajo y despliegue tecnológico que acompañaron en 1968 al dios Tláloc, transportado en un enorme tráiler de 64 ruedas, que a su paso debían mover los cables de teléfono y electricidad, y que para llevarlo desde Coatlinchán, a un lado de Texcoco, hasta Chapultepec, en el Museo Nacional de Antropología e Historia, donde hoy se encuentra, significó un enorme esfuerzo y monumental despliegue tecnológico.

El dios de la lluvia, extraña pero lógicamente, no dejó de llover encima del pesado camión, en aquella ocasión, desde que salió de Texcoco hasta que estuvo en su nuevo trono y sitial en la Av. Reforma, frente al Castillo y manantial de Chapultepec, uno de sus sitios sagrados; por eso admiramos y exaltamos a quienes transportaron desde Xochimilco hasta el corazón de la ciudad, en el recinto amurallado del Templo Mayor, la Piedra del Sol.

Allí estuvo, pues tenía su propio templo y observatorio, cuando la ciudad fue removida por entero, desde sus cimientos, y encima de sus piedras valiosísimas los españoles comenzaron a edificar la nueva ciudad con el sudor y la sangre de los indígenas sobrevivientes y también de los aliados.

Allí estuvo hasta que la volvieron a despertar y salió de nuevo a la luz de su adorado sol: el 17 de Diciembre de 1790, los obreros que nivelaban la calle para las obras del nuevo empedrado en el centro de la ciudad de México, descubrieron la gran piedra con sus extraños dibujos esculpidos con firmeza en sus casi cuatro metros de diámetro.

Los humildes peones, seguramente descendientes de los aztecas y quizá ya de algunos españoles, trabajaban arduamente cuando la encontraron, y pudieron pensar tal vez en un presagio: faltaban pocos años para que se iniciara la lucha por la Independencia de México, pero las ideas de la conspiración ya flotaban en la gran plaza.

Limpiaron y lavaron muy bien la tierra que tenía el monolito cósmico, decorado en sus colores originales, miraron los admirables vestigios de sus coloridos símbolos y la colocaron con grandes esfuerzos en el primer cuerpo de la Torre occidental de la Catedral metropolitana; después fue adosada a la pared, y la piedra monumental miró hacia lo que hoy es el Nacional Monte de Piedad y la calle 5 de Mayo.

Los modernos colocaron la piedra del sol mirando hacia el poniente, pues en los días solsticiales las calles de Cinco de Mayo y Tacuba, en el Centro Histórico de la Ciudad de México, son abarcadas totalmente, de acera a acera por el sol, sin mostrar sombra alguna.

Don Antonio de León y Gama, quien hizo la primera descripción e interpretación del calendario azteca, relata como coincidencia, que el 13 de Agosto de 1790, aniversario doloroso de la caída de Tenochtitlán en 1521, fue descubierta **primero** la gran estatua de **Coatlicue**, con su falda de cráneos y serpientes, que estaba "a la profundidad de vara y tercia y el pie, a poco menos de una vara".

Esta medida, variable, era parecida al metro, pero un poco menor, entre 85 y 95 centímetros.

Nos dice León y Gama, aunque no nos explica por qué, este monolito también mágico, que en su base tiene esculpido, lejos de la vista, al dios de la tierra, **Tlaltecuhtli**, fue puesto de pie, o en situación vertical, por medio de un aparejo real a doble polea, y que estos trabajos, extrañamente, se llevaron a cabo ¡a la **media noche**! del día 4 de septiembre de 1790.

Las autoridades mostraron temor pues los capitalinos, de extracción indígena en su mayoría, comenzaron a llevar ofrendas y sahumerios de copal y liquidámbar a la diosa.

Fue notorio el revuelo y la inquietud que el desentierro, la exhumación de los dioses antiguos causaba todavía entre la población de profundas raíces y tradiciones que pese a todo no se habían podido borrar.

Otra vez a **media noche**, en una época de mayores supersticiones que la actual, el 25 de septiembre del mismo año de 1790, los trabajadores llevaron a Coatlicue enfrente de la segunda puerta del Palacio Real, y después la condujeron a la Real Universidad, de donde ya no se movió hasta que la llevaron a su sitial de hoy en el Museo de Chapultepec.

Relata también León y Gama que habían pasado muy pocos días de la conducción de Coatlicue, cuando fue descubierta la **piedra del sol** el 17 de diciembre del mismo año de 1790.

La Estela de los Soles estaba enterrada "a solo media vara de profundidad, y en distancia de 80 al Poniente de la misma segunda puerta del Real Palacio y 37 al norte del Portal de las Flores", de donde fue llevada al costado poniente, segunda torre de la Catedral.

Esta ubicación nos indica que el templo de Tonatiuh donde estaba la piedra del sol, probablemente se ubicaba en la esquina que hoy forma la plataforma del Zócalo al sur-este de la Plaza de la Constitución frente a Palacio Nacional y frente al Edificio del Cabildo, hoy la Jefatura del Gobierno del Distrito Federal, con la Suprema Corte de Justicia, al frente mismo de donde existe un monumento que reseña la fundación de México Tenochtitlán.

Allí permaneció en Catedral y fue admirada por otras dos generaciones de mexicanos hasta que en Agosto de 1855 Don Leopoldo Batres dirigió los trabajos de traslado de la mágica piedra al vestíbulo del Museo Nacional que estuvo en las calles de Moneda.

Batres sería después de algunos años el arqueólogo oficial del porfirismo. En el centenario de la Independencia de México, Don Porfirio Díaz visitó el Museo Nacional y la Piedra del Sol en ese sitio.

Luego, unos cuantos años después, que para la piedra no significan nada, otra vez la odisea de la paseadora roca de basalto olivínico: viajó el 27 de Junio de 1964 a su aparente destino final en el recién inaugurado Museo Nacional de Antropología e Historia en el Bosque de Chapultepec, donde preside la Sala Mexica. y realza la obra arquitectónica de Pedro Ramírez Vázquez.

Sus 24 toneladas de peso y sus 3.50 metros de diámetro requirieron de una enorme plataforma de 116 llantas y 58 ejes: el tráiler que llevó la Piedra del sol iba a una velocidad menor a la de una vuelta de llanta por hora: tardó treinta días en llegar del Zócalo a Chapultepec.

Por el camino, los empleados del entonces Departamento del Distrito Federal, iban levantando los cables de la luz, los del tranvía y los que llevaban la energía a edificios y casas o al alumbrado público, para que pasara el enorme camión.

Y la muestra quedó allá arriba, en **Cuailama**, pegada al cerro, como ejemplo vivo de lo que la otra piedra, magnífica, nos enseña y guarda en los secretos de sus glifos sagrados, en la rueda de sus días y la cuenta de sus años esculpidos al bajo relieve profundo, lo mismo en una que en la otra.

¿Quiere usted checar las fechas del Cénit en la Ciudad de México y alrededores? Busque entre el 15 y el 21 de Mayo, según la zona del valle en que usted esté.

El calendario comienza el 12 de Febrero: la fundación de México Tenochtitlán se produjo, en el mito, un 13 de Febrero de 1325, un cipactli.

En los tiempos actuales el Calendario Azteca todavía contiene múltiples secretos; sus mágicos significados en el **Tonalámatl** no han sido todavía interpretados y el sagrado sentido de sus dibujos de piedra encierra inusitados conocimientos.

El 23 de diciembre de 2012 volverá a empezar el calendario ritual y correrán los primeros 260 días de su especial zodiaco; como todo mundo sabe, cuando un niño azteca nacía, los astrólogos le hacían de inmediato su horóscopo y dejaban marcado su destino particular.

Coincidencia o nó, allí está Cuauhtémoc, "águila que cae", que murió de cabeza, colgado de los pies tal y como lo marca su "tona" y su glifo; a Moctezuma II le tocó ser el "señor sañudo", pues siempre fruncía el ceño y andaba como enojado; ¿coincidencia? La pedrada que dijeron los españoles lo mató, se estampó en su frente.

¿Otro ejemplo? Al penúltimo Emperador azteca, Cuitláhuac, le impusieron el nombre sagrado, que significa picado del rostro o con manchas de estiércol en la cara, como el maíz que tiene el hongo negro, el cuitlacoche, con algo maligno en su faz. Cuitláhuac murió de viruela durante el sitio de Tenochtitlán, pero esto ya lo sabían los sabios que consultaron su Tonalámatl el día de su nacimiento. No conocían la viruela ni sabían qué era, pero sabían que algo parecido al **cuitlacoche**, iba a ser la culminación de su vida terrena…Cuando se conoció en México la viruela la llamaron **cocoliztli**.

Se afirma en el libro "Lajas Celestes", editado por el Instituto Nacional de Antropología y el Consejo Nacional para la Cultura y las Artes en 2003, que los sacerdotes astrónomos *"hicieron erigir estructuras arquitectónicas orientadas hacia ciertas direcciones en el horizonte donde sucedía algún fenómeno astronómico importante.*

Se trataba de mostrar que en una obra humana tangible, como podría ser un templo o un palacio, se mostraba el favor celestial de que gozaba la élite sacerdotal para legitimar su poder terrenal frente al pueblo".

En el sagrado petroglifo que se encuentra hoy en Chapultepec, pueden verse, entre otras cosas el concepto del Universo que tenían los antiguos mexicanos, y el resumen de su avanzada ciencia astronómica, conocimiento de muchos siglos de observación del movimiento de los astros, traducido a los días, los meses y las estaciones del año en el planeta tierra.

Según Don Manuel Orozco y Berra, **la piedra del sol** marca la fecha de iniciación del Quinto Sol, tan caro a la vida y religión de los aztecas, misma fecha en que se consagraron las pirámides del sol y la luna en Teotihuacan.

El Quinto Sol se habría iniciado entonces en el año vigésimo séptimo del reinado de **Chalchiuhtlatónac**, rey de Tula.

Era el año 13 Acatl, o 13 **caña**.

A ambos lados de la cara de **Tonatiuh**, entre las garras felinas de la deidad solar, vemos a dos corazones humanos; abajo, dos **xiuhcóatl**, serpientes de fuego, caídas de cabeza, encarnan sus fauces y Tonatiuh, el sol, las apunta con su lengua de pedernal, símbolo de fuego de sabiduría, símbolo de la luz

En las fauces de las **xiuhcóat**l aparecen los rostros de dos personajes: el de la derecha porta la misma corona, la misma nariguera y las mismas orejeras que **Tonatiuh** y está unido por su lengua de pedernal al personaje de la izquierda, que muestra un bezote y malla que cubre su rostro hasta los pómulos. Este personaje es **Quetzalcóatl** y, a la vez, la serpiente preciosa de plumas de quetzalli en su doble manifestación humana. Aquí Quetzalcóatl es el **doble luminoso** que mora dentro de cada uno de nosotros.

Las lenguas de pedernal, símbolos de luz, de sabiduría y de conciencia, que unen a los dos personajes, simbolizan que estos son uno mismo, que son los eternos pares de opuestos de la naturaleza. Este es el enorme significado de la dualidad en la cosmogonía azteca.

Los corazones entre garras felinas simbolizan "la muerte del iniciador". "Transformado en jaguar, Quetzalcóatl sube desgarrando el corazón de quien lo despierta hasta matar en él a todas las ilusiones de la personalidad, a todo apego por las cosas que lo atan a la tierra". (Samael Aun Weor)

La cara de Tonatiuh es el rostro de **Ometecuhtli-Omecíhuatl,** señor y señora de la dualidad, Dios de la vida, del amor y de la generación. Está encerrado por dos círculos concéntricos alrededor de los cuales cuatro cuadrados dentro de otros dos círculos concéntricos representan al absoluto inmanifestado, **Ipalnemohuani**, lo contiene todo: las garras felinas de Quetzalcóatl desgarrando corazones humanos, el sol de viento o **cuatro Ehécatl**, el sol de jaguar o **cuatro Ocelotl**, el sol de fuego o **cuatro quiáhuitl**, el sol de agua o **cuatro Atl**, y el sol de movimiento o **cuatro ollin**, el este, el oeste, el norte y el sur, los veinte días del mes, etc. Esto explica el por qué de la veneración de los nahoas por el sol y el significado dual que entre ellos tenían los números. (Magia Crística Azteca, Samael Aún Weor).

Interpretada como Tonalámatl, signo adivinatorio de los días, la piedra del sol indica con qué rostro y personalidad está investido cada hombre o mujer, según sea su fecha de nacimiento.

Además, permite conocer cada momento del día, del mes, y de los años, pues orientada debidamente, la piedra cósmica es un reloj solar y más aún: lleva en sus anillos la cuenta de la rotación de la tierra alrededor del sol, de la Luna, los planetas y sus conjunciones.

Dentro del recinto donde se levantaba el Templo Mayor existió un templo circular dedicado al sol, orientado hacia el Este, su techo permitía que el sol penetrara hasta el altar. En el muro interior del fondo de ese templo se hallaba un gigantesco sol de **oro puro**, representación visible de la gran deidad invisible, el Señor de lo cerca y lo junto, **Ipalnemohuani.** Es el ser que "se inventa a sí mismo", el autor de todos los mundos.

Una copia de este sol de oro fue regalada a Hernán Cortés desde su primer encuentro con los enviados "culúas" a bordo de la nave capitana, con el ruego de que se regresara por donde vino, pero los calpixques solo lograron lo contrario y acrecentaron la ambición: empero se supone que este sol de oro y una luna de plata, de gran tamaño y peso, fueron enviados al Rey de España con sus "monstruos" grabados y dibujos, pero fue fundido y desapareció sin mas interés que el valor del metal que contenía.

Se cree que en este templo del que ya hemos dado la ubicación antigua casi frente a la puerta principal del Palacio Nacional, "por donde entra y sale el Presidente", estaba instalada la piedra del sol, que fue derribada y enterrada, por su gran tamaño, pero recuperada después para formar el atractivo principal del museo nacional.

*Según el padre dominico Fray Diego Durán, "**Axayácatl** estaba ocupado en labrar la piedra famosa y grande, muy labrada, donde estaban esculpidas las figuras de los meses y los años, días y semanas, con tanta curiosidad, que era cosa de ver, la cual piedra muchos vimos y alcanzamos en la plaza grande, junto a la acequia, la cual mandó enterrar el Illmo. Y Rmo. Señor Don Fray Alonso de Montúfar, dignísimo Arzobispo de México".*

Es decir, que el Tlatoani Axayácatl la mandó esculpir y que su ubicación original era junto a la Acequia Real, hoy la calle de Correo Mayor.

También según Durán, **Tlacaelel** y Atzayácatl invitaron a pueblos amigos y tributarios a que vinieran y ayudaran a construir el templo y basamento donde quedaría colocada la piedra del sol, luego de que fue terminada, a lo cual seguramente acudió muchísima gente, pues dice que "en un solo día fue perfeccionada la obra y edificio y puesta la piedra encima: al poner de la cual se tocaron en los templos muchos atambores y bocinas y caracoles, cantáronse muchos cantares en alabanza de la piedra del sol y se quemaron gran cantidad de inciensos".

La piedra quedó colocada de manera horizontal, semi-acostada, orientada hacia los puntos cardinales para que cumpliera su cometido de reloj de los días y del cosmos, por lo que se cree que había en lo alto una especie de balaustrada que cercaba circularmente el observatorio en alto de la roca olivínica, lo cual permitía su estudio constante, aún de noche, pues sus ocho rayos de tres horas cada uno, marcan el camino del sol también cuando anda en el inframundo.

La puerta de ingreso a este templo, de veinte brazas en redondo, era la boca de una serpiente con fauces abiertas; de sus comisuras, curvos y amenazadores salían los colmillos y en relieve sobre el piso, una grande y bífida lengua salía del templo.

En el frontispicio, en relieve, otra serpiente de afilados colmillos y fauces abiertas, simbolizaba la lucha de los adeptos. Y también una de las entradas al inframundo.

Este templo tenía su gemelo, su cóhuatl o cuate en **Malinalco**, Estado de México, muy cerca del santuario de Chalma, donde actualmente puede admirarse, idéntica, la descripción anterior esculpida en la roca viva.

La **piedra del sol** es el ánima eterna del espíritu y la cultura, la cosmovisión del mundo náhuatl, y junto con la colosal escultura de la diosa madre **Coatlicu**e, son las figuras mas conocidas del genio y conocimiento humano que predominó aquí hasta la llegada de los europeos.

Pero hay todavía más

CAP. 14

2012: Ya viene el Sexto Sol

El primero de Enero del año 2012, ocurrió una singular coincidencia, después de siete mil 280 años exactos, es cuando confluyen los calendarios azteca, maya y gregoriano, hecho que ya sucedió en 2004 también el 1 de Enero.

Durante este período existe la "profecía" maya del "gran cambio positivo en todos los órdenes de la esfera humana y se **anuncia un nuevo sol**, el Sexto.

Las dos fechas, 2004 y 2012, están enmarcadas en el eclipse de Venus al Sol, que ya se produjo el 7 de Junio de 2004 y que se repitió el 5 de Junio 2012 cuando se cerró el ciclo, con el paso del planeta Venus por el disco solar, como marcan los registros de mayas y nahuas en los códices Dresde y Borgia respectivamente.

Coincidentemente el Calendario Chino inicia este año como el de Dragón de Agua, y debe recordarse que el calendario azteca que recomienza entre Enero y Febrero tiene como símbolo de su génesis al saurio Cipactli, el dragón del origen,

Con el solsticio el 23 de Diciembre de 2012 se cerrará el ciclo y el Quinto Sol habrá concluido.

Venus habrá entonces de "meter un gol" al sol en el juego de pelota sideral, representado en cientos de lugares que cuentan con sus tlaxcos o canchas de juegos de pelota; la mayoría han sido despojadas de sus marcadores circulares por donde había de cruzar la pelota de caucho, símbolo de Venus y del sol negro que anda de noche por el otro lado de la tierra, **ese día, nacerá el Sexto Sol.**

Los mayas como los nahuas, afirma el investigador Raúl González Cortés, tenían como inicio de su serie calendárica al **uno cocodrilo** y como combinación final al **13 flor.**

La fe religiosa encuentra explicación a algunas de las aparentes contradicciones de la naturaleza; descubrir por medio de la observación constante y prolongada la regularidad con que se comportan eternamente los astros, y atribuir lo desconocido a los seres superiores, es resultado también de la fe.

Los códices prueban que los aztecas y mayas conocían las frías leyes mecánicas del universo, y las utilizaban como parte de sus ciencias aplicadas.

Las construcciones del Templo Mayor de Tenochtitlán y la traza de la ciudad entera, que respetó Alonso Bravo a partir de ellas, tienen sus ejes desviados aproximadamente a 17 grados de los puntos cardinales en el Valle de México, lo que nos explica el especial papel que se concedía al punto del ocaso, en el día cenital del sol.

Es indiscutible, nos informa también el investigador Leonardo Manrique Castañeda, del INAH, que el doble templo ubicado en el gran Teocalli de Tenochtitlán, se empleaba para hacer observaciones astronómicas y que desde el centro del mismo, una línea unía los ejes del **tzompantli** situado a sus pies, del templo circular del dios del viento, el del juego de pelota y el arranque de la Calzada a Tlacopan.

Uno de los lugares que tiene la fortuna de albergar esas dos combinaciones simbólicas, es **Xochimilco**, ubicado en la misma línea solsticial de la zona arqueológica de **Xochicalco**, Morelos.

Xochicalco, traducido hoy como el lugar de la casa de las flores y que nosotros tradujimos como Morada de Paz, algo así como los significados ocultos de Jerusalem, Monserrat y otros sitios como el nombre perdido de Teotihuacán, que son centros genuinos de poder, considerados como productores de la energía terrestre que fluye desde una gruta o manantial, hacia la cúspide de la pirámide y desde allí hacia el cielo y las cuatro direcciones del espacio.

Esto explica hoy, la afluencia de innumerables visitantes a los centros ceremoniales antiguos en las fechas solsticiales.

Allá en Xochicalco, Morelos, una impresionante exhibición moderna de luz y sonido, refleja en una pantalla acuática, con el conjunto xochicalca iluminado a un cerro enfrente de distancia, la grandeza del centro urbano y ceremonial que de día, y en las fechas astronómicas que marca nuestro mismo sol, señala el paso cenital del sol, desde la cúspide piramidal hasta el fondo de la gruta.

La primera combinación del calendario azteca y maya, uno cocodrilo, (**Cipactli**) se localiza, labrada en la piedra, como uno de los petroglifos que ya explicamos en el cerro **Cuailama** de Santa Cruz Acalpixca, y la segunda, **trece flor**, está colocada herméticamente en la **fachada norte** de la iglesia de San Bernardino, corazón de Xochimilco, donde 26 primorosas flores, de diseño sincrético, cuadrangulares y octagonales, adornan ese muro.

Don Alfonso Reyes nos dice que "Flor era signo de lo noble y lo precioso, representa los perfumes y las bebidas, también surge de la sangre del sacrificio y corona el jeroglífico de la oratoria". La flor se pinta de modo esquemático, reducida a estricta simetría, ya vista por el perfil o ya por la boca de la corola.

En la Revista "México Desconocido" se publicó la coincidencia de coordenadas geográficas y matemáticas entre la iglesia de San Bernardino, en el corazón mismo de Xochimilco, con el centro ceremonial **Cuailama**, y hacia otros sitios sagrados del horizonte natural e histórico de los pueblos antiguos.

Esto es parte de la Arqueoastronomía, que como ya explicamos, indica la edificación en lugares predeterminados, orientados a los puntos solsticiales o equinocciales del sol, de la mayoría de los templos y pirámides del horizonte cultural prehispánico.

La **piedra del sol**, que junto con Teotihuacán son los monumentos arqueológicos mas conocidos de México, es una representación escultórica y sintética del **tonalámatl**, "'la cuenta de los días" con el que se tejía la urdimbre matemática y astronómica del micro y el macro espacio en Mesoamérica.

El 13 de Agosto de 1521, un año **3 calli** o casa, el de la caída de México Tenochtitlan, el **ce cóatl**, uno serpiente, está registrado un día después, 14 de Agosto de 1521, en el **ome miquiztli**, dos muerte, día de la cuenta larga, dentro de la Iglesia de San Bernardino, Xochimilco, simbolizando el día en que los mexicanos dejaron de luchar físicamente contra el invasor español para dar paso al mestizaje doloroso.

La leyenda del Quinto Sol, sin duda el más conocido relato antiguo de los mexicanos, refiere el secreto esculpido en la piedra basáltica del calendario azteca: el transcurso del tiempo ha visto ya cinco soles.

Primero fue el sol **Nahui Ocelotl**, que duró 676 años; los que entonces vivieron fueron devorados por tigres. Desapareció el sol en el año **Ce Acatl**, uno caña.

El segundo sol, **Nahui Ehécatl,** duró 364 años y el viento, en su advocación de Quetzalcóatl, se llevó a los hombres que, arrastrados, se convirtieron en monos. Su año fue el **Ce Técpatl**, o uno pedernal

El **Nahui Quiáhuitl**, fue el tercer sol, el sol de la lluvia de fuego, que duró 312 años y también le tocó el **Ce Técpatl**, o uno pedernal.

El **Nahui Atl** fue el sol de agua, el cuarto sol que duró 676 años, y hubo un siglo de agua de 52 años. Los hombres, destruidos, se volvieron peces y en un solo día se hundió el cielo. Su año fue el **Ce calli**, o uno casa, y solo se salvó una pareja de humanos.

En el Códice Vaticano Latino, otra interpretación del calendario azteca, el primer sol o **Matlacti Atl**, el diez agua, habla de la primera época que fue destruida por el agua y se llamó **Apachiohualiztli**, que quiere decir inundación y que significa el diluvio para muchos.

En esa época había gigantes en la tierra, llamados **Tzocuiliceque**. Este sol duró 4008 años, y del suceso se salvaron siete parejas que se escondieron en una cueva y luego salieron a repoblar el mundo. En el mito, las tribus nahuatlacas parten de Chicomoztoc, lugar de las siete cuevas y cuna de las siete tribus.

El segundo sol, en esta versión, duró 4010 años y el mundo conocido fue destruido por el viento; esto aconteció en un día **Ce Itzcuintli**, o sea uno perro. Los hombres se convirtieron en monos, pero una pareja se salvó, escondida en una peña. A esta edad la llamaron **Tzoncuztique**, que significa la edad de oro.

Curiosamente llamamos período clásico o edad de oro al punto cumbre de la cultura mesoamericana alrededor del año Mil de nuestra era, en la flor, el florecimiento y esplendor de Teotihuacán.

El **Tlequiyahuillo** fue el tercer sol de la versión que ofrece el Códice Vaticano Latino, que duró 4081 años; la destrucción vino por el fuego en el día **chiconahui ollin**, "nueve movimiento" o **nueve sismo fuerte** o terremoto.

El cuarto sol, interpretación en la que ya intervinieron los europeos, empezó hace 5042 años según el comentarista, pero la cuenta del códice

Vaticano asienta 5026. Los humanos murieron de hambre, por lluvia de sangre y de espanto.

En esta edad empezó Tula y el dios **Citlaltonac**, o sea la Vía Láctea, envió un embajador a ver a **Chimalman**, virgen que vivía con sus dos hermanas en esa ciudad.

Las hermanas, Xochitlicue y Coatlicue, casi murieron de miedo al ver al enviado de los cielos; y Chimalma quedó embarazada después de **barrer** su casa, y guardarse un plumón en el seno que se encontró "por allí", y el anunciado hijo fue **Topiltzin Quetzalcóatl**.

Coincidentemente con la cosmogonía de la dualidad, la madre de **Huitzilopochtli**, gemelo o cuate de Quetzal**cóatl**, quedó embarazada al estar barriendo y recogió un plumón que guardó en su seno.

La Leyenda del Quinto Sol, representada en la figura central del calendario azteca, y referida únicamente en las tradiciones, cuenta que los dioses se reunieron en Teotihuacán, para preguntarse quién sería el encargado de alumbrar a la tierra, pues no había sol.

Dialogaban sentados alrededor de una gran hoguera y entonces **Tecuciztécatl**, el rico vanidoso, quiso ser el primero en sacrificarse y lo intentó tres veces, mas tuvo miedo y retrocedió.

Luego, al primer intento saltó al fuego **Nanahuatzin**, el humilde y feo, de extracción común, macehual o pobre no noble, que tenía el rostro lleno de bubas o ronchas, y purificado, brilló y se elevó al cielo convirtiéndose en el sol.

El vanidoso quedó transformado en la luna, y otro de los dioses, para afrentarlo por su cobardía, le arrojó un conejo al rostro que todavía hoy muestra la luna llena.

La bellísima historia, que según versiones de los estudiosos, quedó y puede leerse entera y de corrido, plasmada en la piedra cósmica y esculpida en Acalpixca, marca para el solsticio de 2012, la llegada e inicio del Sexto Sol, un sol de bienestar y avance, que hemos llamado el **Xóchitl Tonatiuh**, traducido como la Flor del Sol, la madurez o esplendor del sol.

EPÍLOGO

La Cuenta larga

La cuenta atrás del último año del calendario solar maya de "cuenta larga", que concluye el 21 de diciembre de 2012 y que, según la tradición astronómica maya, anuncia el inicio de una nueva era para la humanidad, un sexto sol, ya comenzó.

"La cuenta larga es una concepción del tiempo como un camino sin fin. Un camino hacia el infinito. Cada ciclo de la rueda calendárica es una pequeña porción de ese trayecto de generación en generación", según el portal del Ministerio Guatemalteco de Cultura.

Así empieza a transcurrir el año 5128 del quinto sol establecido en el calendario solar de la ancestral cultura maya, que a su vez comenzó el 13 de agosto del año 3114 antes de Cristo, y que, según las evidencias científicas encontradas en estelas, esfinges y códices mayas, predice "un cambio de época" para la humanidad.

El científico guatemalteco Iván Azurdia, afirma que "a las 00:00 (06:00 GMT) del 21 de diciembre de 2012, los planetas del sistema solar se posicionarán de forma vertical en la parte más oscura de la boca de la serpiente emplumada (llamada Kukulcán por los mayas y Quetzalcóatl por los aztecas), y se alinearán con los sitios sagrados del mundo maya".

Aunque esta fecha suele asociarse desde ámbitos no científicos con catástrofes apocalípticas e incluso con el fin del mundo, los guías espirituales mayas de México y Guatemala, los científicos expertos en este fenómeno y especialistas de la Agencia Espacial de los Estados Unidos (NASA) han desmentido esas versiones y ofrecen explicaciones desde perspectivas filosóficas y científicas.

Lo que ocurrirá el 21 de diciembre de 2012, dijo Azurdia, será "un hecho astronómico corroborable científicamente desde el punto de vista occidental", que fue previsto cientos de años atrás por los astrólogos mayas.

El científico, que en los últimos años se ha especializado en el estudio del calendario maya, aseguró que ese fenómeno, según la sabiduría de los ancianos indígenas, y las explicaciones contenidas en las estelas y códices de esa cultura ancestral, predicen "un cambio de época".

"Se trata del cambio de cuarto al quinto ciclo, que sumados los cinco dan un total de 26 mil años, y que al llegar a esa fecha se alcanzará el 'año platónico' de la precesión del tiempo, dentro de otros ciclos de medición más inmensos", indica Azurdia.

Desde la perspectiva filosófica, agrega, los mayas hablan de "cambios vertiginosos" para el mundo y la humanidad, que más que predicciones fatalistas, tienen que ver con "una oportunidad para despertar a la vida sagrada".

Los mayas, que alcanzaron importantes avances en esas materias, en su cosmovisión relacionaban a ambas disciplinas con un punto de convergencia filosófica.

Para celebrar el inicio del último año del quinto sol y el anuncio de la nueva era, sacerdotes mayas harán ceremonias espirituales en lugares sagrados, como Chichén Itzá o Palenque mientras que similarmente se realizarán rituales desde Teotihuacán, Cuailama, Xochicalco, por parte de los mexicanos y en las zonas mayas que geográficamente alcanzan hasta Honduras. El Instituto Guatemalteco de Turismo y otros, han lanzado un programa de actividades que tiene como objetivo aprovechar el fenómeno para atraer mayores cantidades de turistas a sus países.

Además del calendario de "cuenta larga", hasta ahora el menos estudiado por los especialistas, los mayas también tenían el "calendario ritual" o sagrado, de 260 días; y el "calendario Ab", de 365 días, al igual que el gregoriano de la cultura occidental.

El 21 de diciembre de 2012, según el calendario de la cuenta larga, tendrá el registro "13.0.0.0.0 4 Ajaw 3 Kank'in". El 13 de agosto del año

3.114, cuando inició el quinto sol, el registro fue "13.0.0.0.0 4 Ajaw 8 Kumk'u.

En el grabado de Cuailama, Cipactli, el principio, el génesis o el saurio antiguo, marca precisamente el inicio del Sexto Sol en el Solsticio de Invierno de 2012.

AGRADECIMIENTOS

Muchos me antecedieron en este somero estudio de maravillosas historias, pero en especial, agradezco al Dr. Carlos Rommel Beutelspacher, que viviendo en Chiapas, donde nació, vino a Santa Cruz Acalpixca, Xochimilco, para hacer un estudio que hoy es clásico en las lecturas de arqueología e historia de los antiguos pobladores de México. ("Las Mariposas entre los Antiguos Mexicanos", Fondo de Cultura Económica, 1989)

También agradezco a Emma Contreras Alquicira, y a José González, maestros nativos de Acalpixca, ella, la primera en mostrarme la zona arqueológica, y a su marido Jesús García Bernal, ambos estudiosos de lo antiguo y orgullosos de sus orígenes.

Cuando los conocí eran cronistas ambos, ella del Municipio de Ixtapaluca y él del de **Chalco**, en el Estado de México; jamás pensé que compraría el hogar donde ellos vivieron, a pocos metros de las ruinas de **Cuailama**, y también donde alguna vez habitó el pintor Francisco Goytia, que les rentó su casa durante un corto tiempo.

Nunca los olvidaré.

BIBLIOGRAFÍA GENERAL

"La Filosofía Náhuatl", Miguel León Portilla, UNAM 1993.

"Pensamiento y Religión en el México Antiguo", Laurette Sejourné, 1957, Fondo de Cultura Económica. (FCE)

"Estructura Político-territorial del Imperio Tenochca" Pedro Carrasco, 1996, El Colegio de México, FCE.

"Vida Cotidiana de los Aztecas", Jacques Soustelle, Fondo de Cultura Económica.

"Lajas Celestes", 2003, Consejo Nacional para la Cultura y las Artes, UNAM, Museo Nacional de Historia.

(Jesús Galindo Trejo, Manuel Alberto Torres)

Historia Social y Económica de México. Agustín Cué Cánovas. Editorial Trillas 1961

Historia General de México. El Colegio de México, I Tomo 1976

"Crónica Mexicana", Hernando Alvarado Tezozómoc, 1980, Editorial Porrúa.

"Historia de las Indias" Fray Diego Durán, Ed. Porrúa 1967.

"Historia General de las Cosas de Nueva España" Fray Bernardino de Sahagún, 1989, CONACULTA y Alianza Editorial Mexicana.

"Monarquía Indiana", Fray Juan de Torquemada, 1975, Ed. Porrúa.

"Ciclos de Fiestas y Calendario Solar Mexica", Johanna Broda,

"La Gran Hambruna de Uno Conejo", 1999, García Marqués Agustín, INAH.

Diccionario Náhuatl-Español, Rémi Siméon, Siglo XXI.

"Jardín de las Raíces Aztecas", Diccionario de Aztequismos, Cecilio Robelo.

"La Piedra del Sol", 1992, Eduardo Matos Moctezuma, INAH.

"La Estela de los Soles", Eduardo Díaz Infante, 1987, Panorama Editorial.

"Todos a Usar el Calendario Azteca", Antonio Lorenzo, 1983, Grupo Editorial Miguel Ángel Porrúa.

"El Pueblo del Sol", Alfonso Caso, FCE

"Historia de la Conquista de México", William H. Prescott, 1970, Ed. Porrúa.

"Las Mariposas entre los Antiguos Mexicanos", 1988, Carlos Rommel Beutelspacher Baights, FCE

"Los Olmecas", 1995 Jacques Soustelle, FCE

México a Través de los Siglos.

Enciclopedia de México.

"Historia del Nombre y de la Fundación de México", 1993, Gutierre Tibón FCE.

"La Doctrina Secreta de Anáhuac", 1974, Samael Aun Weor, Ediciones Gnósticas.

Centro Histórico, Recorrido para Forasteros, 1995, Universidad Autónoma Metropolitana.

"Las Profecías Mayas". Editorial Grijalbo 1996.

Anales de Cuauhtitlán.

Atlas de Durán

Historia de los Mexicanos por sus pinturas.

Revista México Desconocido

Revista Mexicana de Arqueología, Editorial Raíces, México.

"Las Extraordinarias Historias de los Códices Mexicanos". María Sten. Ed. Joaquín Mortiz y Contrapunto. 1972

"Naval Power in the Conquest of Mexico", Harvey Gardiner, Austin, Texas, University of Texas Press, 1956.

"Los Bergantines de Hernán Cortés", Arq. Ramón Cruces Carvajal, Alpe Ediciones. 2006.